Biblioteca Umoristica Mondadori

resistenzaumana.it

MANUALE DI RESISTENZA AL LUNEDÌ

MONDADORI

Progetto grafico e disegni di Luca Terraneo

www.librimondadori.it

Manuale di resistenza al lunedì
di resistenzaumana.it
Collezione Biblioteca Umoristica Mondadori

ISBN 978-88-04-59243-3

I edizione settembre 2009

INDICE

MANUALE DI RESISTENZA AL LUNEDÌ

Il peggiore dei venerdì sera
sarà sempre meglio
dei migliori lunedì mattina.

IL BATTESIMO DEL LAVORATORE RESISTENTE

Resisterai al tuo capo, a tutte le sue nevrosi e ai suoi costanti
tentativi di minare la tua autostima, sopportandolo finché nuova
offerta di lavoro non vi separi?

RESISTO

Resisterai ai tuoi colleghi, ai loro finti sorrisi, al loro alito fetente,
anche quando faranno di tutto per prendersi i tuoi meriti
e ti daranno la colpa per errori non tuoi?

RESISTO

Resisterai alle riunioni convocate senza preavviso e senza
un ordine del giorno, destinate fatalmente a prolungarsi fino
a occupare la pausa pranzo o farti posticipare l'orario di uscita?

RESISTO

Resisterai alla noia di una giornata che si trascina stancamente
e inutilmente fino a sera e all'infinito imbarazzo
delle cene aziendali?

RESISTO

Resisterai al linguaggio aziendale, alle deadline che incombono,
alla calendarizzazione dei brainstorming e ai report in real time
sul trend in corso?

RESISTO

Resisterai al desolante squallore estetico del tuo ufficio, all'umiliante
confronto fra la tua scrivania dell'Ikea vecchio modello e quella
in mogano antico con intarsi di madreperla del tuo capo?

RESISTO

E infine, resisterai al lunedì mattina, alla disumana tortura della sveglia,
alla rassegnazione che il weekend è finito e ti aspetta un'altra
interminabile, estenuante e avvilente settimana di lavoro?

EHM... NON SAPREI... VERAMENTE IO... OK, RESISTO!

1

Resistere al capo

Il capo è uno come tutti gli altri, solo che non lo sa

Per prima cosa dovete conoscere il vostro nemico.

Il vostro capo non lo sa, ma mentre lo guardate fisso e concentrato, non è perché siete attenti alle sue parole e conquistati dalla sua intelligenza: lo state semplicemente studiando. Grazie ai consigli di questo capitolo del manuale, imparerete a individuare i suoi difetti e i suoi punti deboli, tutti i doppi sensi delle sue frasi, i modi più creativamente bastardi per conquistarlo. Imparerete che la legge è uguale per tutti, tranne che per il vostro capo, cosa che vi eviterà di perdere tempo in inutili recriminazioni alla ricerca di una giustizia che semplicemente non è prevista. Troverete anche gli strumenti per sfogarvi quando proprio non ne potrete più, compiendo il rituale minuto dell'odio per scaricare tutto il vostro astio verso il capo. Perché quando si affronta il nemico bisogna essere perfettamente lucidi.

PRIMO ASSIOMA
IL CAPO HA SEMPRE RAGIONE

Prima di iniziare, eccovi dieci semplici regolette da mandare a memoria. Stampàtele su un foglio, sul monitor, nella testa. Ogni volta che il comportamento del vostro capo vi sembrerà assurdo, fuori da ogni regola, da ogni giustizia, da ogni senso, ripetetele lentamente come un mantra, e tutto vi apparirà magicamente più chiaro.

① Il capo ha ragione.

② Il capo ha sempre ragione.

③ Nella improbabile ipotesi che un dipendente avesse ragione, entreranno in vigore gli articoli 1 e 2.

④ Il capo non dorme, riposa.

⑤ Il capo non è mai in ritardo, è stato trattenuto.

⑥ Il capo non lascia mai il lavoro, è richiesta altrove la sua presenza.

⑦ Il capo non legge mai il giornale in ufficio, si tiene informato.

⑧ Il capo non tresca con la segretaria, la educa.

⑨ Il capo pensa per tutti.

⑩ Più si pensa come il capo, più si fa carriera.

SECONDO ASSIOMA
IL CAPO NON È UGUALE A VOI

Cari resistenti, ricordate La fattoria degli animali, *il romanzo di George Orwell? Lì si diceva che, all'interno della comunità, tutti i maiali sono uguali, ma alcuni sono più uguali di altri... È una regola sempre molto attuale. Sappiate che il vostro punto di vista non coinciderà mai con quello del vostro capo, perciò non perdete tempo a sognare un mondo migliore e dedicatevi a qualcosa di più proficuo, tipo cercarvi i voli low cost in orario di ufficio!*

Quando voi ci mettete troppo tempo, siete lenti.
Quando lui ci mette troppo tempo, è accurato.

Quando voi non avete tempo di fare qualcosa, siete pigri.
Quando lui non ha tempo di fare qualcosa, è occupato.

Quando voi fate un errore, siete degli idioti.
Quando lui fa un errore, "sono un essere umano anch'io".

Quando voi fate qualcosa senza che vi venga detto, è presunzione.
Quando lui fa la stessa cosa, è pieno di iniziativa.

Quando vi impuntate su qualcosa, è testardaggine.
Quando lo fa lui, è fermezza.

Quando voi non rispettate l'etichetta, siete maleducati.
Quando lo fa lui, è una persona originale.

Quando voi date ragione al vostro capo, siete dei leccaculo.
Quando lui dà ragione al suo capo, è collaborativo.

Quando voi siete fuori ufficio, siete andati a farvi i cazzi vostri.
Quando lui è fuori ufficio, è per affari.

Quando voi prendete un giorno di malattia, "siete sempre ammalati".
Quando lui prende un giorno di malattia, "doveva stare veramente male".

Quando voi bevete qualche bicchiere a una cena di lavoro, siete alcolizzati.
Quando lo fa lui, sta socializzando.

Quando voi non rispondete a una domanda, non siete preparati.
Quando lui non risponde, "è talmente ovvio che non vale la pena parlare".

Quando voi chiedete le ferie, lasciate l'azienda in un momento delicato.
Quando lui chiede le ferie, "ogni tanto fa bene staccare".

Quando voi cambiate idea, siete il solito indeciso.
Quando lui cambia idea, "soltanto gli imbecilli non cambiano idea".

FENOMENOLOGIA DEL POTERE
ovvero
OGNUNO HA IL CAPO CHE SI MERITA

Come tutti i serial killer che si rispettino, anche il capo ha un suo profilo psicologico. Individuarlo è il compito di ogni buon resistente. Qui di seguito una serie di preziosissimi identikit, risultato di anni di pericolose ricerche sul campo da parte di valorosi resistenti. Se incontrate sulla vostra strada un capo con queste caratteristiche, non fatevi prendere dal panico, peggiorereste solo la situazione.

IL GHE PENSI MI

Identikit

Ansioso e ansiogeno, casinista anche se si crede un pianificatore nato, tenta di gestire fin nel minimo dettaglio ogni vostro compito. C'è solo una cosa che non farebbe per nessuna ragione al mondo: delegare qualcosa a qualcuno diverso da se stesso.

Comportamento consigliato

Bombardatelo di informazioni.

Mettetelo in copia in tutte le e-mail (anche quelle alla mamma o alla fidanzata), inviategli decine di report al giorno, telefonategli per il minimo dubbio, interrompetelo durante i pranzi di lavoro per sottoporgli questioni irrilevanti.

Fate finta di farlo decidere e poi naturalmente tirate dritti per la vostra strada.

Resistete a oltranza. Prima o poi finirà per credere di avervi mostrato la retta via e di potersi dunque dedicare ad aiutare altri sfortunati.

IL CERCA AMICI

Identikit

Non ha amici e quindi ha deciso che i suoi migliori amici siete voi. Ogni giorno vi invita a pranzo raccontandovi i dettagli sessuali delle sue ultime conquiste amorose e pretende di sapere tutto di voi.

Comportamento consigliato

Inventatevi un hobby da condividere con lui, come una passione sfrenata per le locomotive a vapore o per le sculture di stuzzicadenti.

Invitatelo a eventi ai quali sapete che lui non potrà mai partecipare, a pranzo in un giorno in cui siete certi che abbia un altro appuntamento. Oppure a un drink con i colleghi, proprio la sera in cui va a giocare a tennis. Naturalmente lui ricambierà invitandovi da qualche parte, che potrete rifiutare senza alcun senso di colpa.

Evitate il contatto fisico. Se cerca di abbracciarvi, simulate una grave forma di allergia.

IL NOVELLA 2000

Identikit

A differenza del Cerca amici, il Novella 2000 agisce a trecentosessanta gradi facendosi i fatti di tutti. Qual è il problema? Che pensa che a voi interessi saperli.

Comportamento consigliato

Cambiate discorso. Non raccogliete mai le insinuazioni, non elaborate e non aggiungete farina dal vostro sacco (nemmeno se ne aveste motivo). Abbozzate un sorriso imbarazzato e cercate di passare subito ad altro.

Simulate un impegno urgente o un compito da terminare, magari proprio uno di quelli che vi ha dato lui (o lei). Potreste creare un virtuoso conflitto di interessi.

Fingetevi più stupidi di quello che siete. Alle sue rivelazioni assumete un'espressione il più possibile smarrita, come di chi proprio non capisce di che cosa si sta parlando.

IL LAVORAINOMANE

Identikit

Ha perso ogni senso della realtà, sacrificando la sua vita al lavoro. Per questo si aspetta lo stesso da voi. E vi telefona il sabato, la domenica, la sera a mezzanotte e il giorno di Natale per confrontarsi su importanti questioni da risolvere.

Comportamento consigliato

Mostrategli le prove dell'esistenza del mondo reale. Ad esempio, tappezzandogli l'ufficio di dépliant turistici o inviandogli regolarmente e-mail con aggiornamenti meteo di località esotiche.

Parlate della vostra famiglia ogni volta che potete.

Mostrategli le fotografie della vostra famiglia. Mostrategli le fotografie della *sua* famiglia. Se un vostro parente ha comprato un'auto, ha ottenuto una parte in una recita scolastica o ha sofferto di mal di denti, raccontategli tutte queste storie con dovizia di particolari – avranno l'effetto di renderlo consapevole che anche lui ha una moglie, una sorella, uno zio, un figlio...

Se vi ha mai confidato un fatto personale, parlategliene ossessivamente.

Parlate con lui di notizie e di passatempi popolari, per accendere in lui almeno una scintilla di interesse per qualcosa che non sia il lavoro. Provate con il calcio, la politica, il cibo, la musica...

IL SUPER SIMPA

Identikit

Tristemente noto per le sue battute agghiaccianti alle quali tutti i sottoposti sono obbligati a ridere.

Comportamento consigliato

Simulate divertimento. Imparate a ridere in modo naturale, eventualmente con l'aiuto di un attore professionista. Con l'esperienza sembrerà che vi divertiate davvero alle sue battute.

Fuggite. Se incappate in una delle sue esibizioni, dileguatevi immediatamente: non dategli la possibilità di continuare o diverrete il suo pubblico preferito.

DI CHE SEGNO È IL VOSTRO CAPO?

Quello che l'uomo non può, possono le stelle. Se dopo anni di lavoro accanto al vostro capo alcuni suoi comportamenti continuano a risultarvi apparentemente inspiegabili, potete fare affidamento sulla seguente scheda zodiacale elaborata dall'Astrologo Resistente.

Ariete

Impaziente, istintivo e veloce nell'azione, è sempre corretto e leale, ma ricordate che comanda lui.
La regola aurea: non alzate la voce, è molto irascibile.

Toro

Sincero e onesto, ha un forte senso pratico e una certa predisposizione a risolvere i problemi.
La regola aurea: non raccontategli balle, vi beccherà subito.

Gemelli

Espansivo e pieno di idee, di solito tende a fare progetti irrealizzabili senza fare i conti con la realtà.
La regola aurea: riportatelo con i piedi per terra, però con dolcezza.

Cancro

Emotivo e lunatico, vive nel suo mondo e quando ha la luna storta è intrattabile.
La regola aurea: cercate di essere disponibili e alla mano, all'occorrenza anche un po' psicologi.

Leone

È il re della foresta, il mondo gira intorno a lui e difficilmente ammetterà di avere torto.
La regola aurea: ascoltatelo, ascoltatelo, ascoltatelo e fate finta che vi interessi quello che dice.

Vergine

Pignolo e pianificatore, ama organizzare la sua vita e quella degli altri, ma quando perde il controllo, va in crisi.
La regola aurea: quando vedete che non è giornata, stategli alla larga, gli passerà velocemente.

Bilancia

Apparentemente mite e remissivo, durante le riunioni chiede sempre il vostro parere, salvo poi fare esattamente come vuole lui.
La regola aurea: cercate di anticipare le sue richieste ed eseguite i vostri compiti con grande precisione, non sopporta i cialtroni.

Scorpione

Onnipresente, vi osserva, pensa a voi e vi scruta. Punta tutto su di voi, non potete deluderlo!
La regola aurea: fatelo sentire importante e chiamatelo anche il sabato e la domenica.

Sagittario

Adora le idee originali e innovative, ma solo quando è lui ad averle. Accentratore ed egocentrico, non delega mai nulla a nessuno.
La regola aurea: imparate l'arte e andate a praticarla da qualche altra parte!

Capricorno

Elegante e affascinante, ha anche buon cuore e può essere un ottimo capo. Ma il bottino è solo suo ed è difficile che lo condivida.
La regola aurea: mostratevi attenti e veloci nell'azione, sarete premiati.

Acquario

Siete in difficoltà? Vi aiuta! Siete bravi? Vi elogia. Siete geniali come lui? Farà di tutto per distruggervi!
La regola aurea: è affascinante e lo sa. Non cedete al suo fascino e vi rispetterà.

Pesci

Dolce ed emotivo, non ha grande senso pratico e tende a farsi mille seghe mentali.
La regola aurea: nervi saldi e spirito da crocerossina vi saranno di grande aiuto.

SETTE TECNICHE INFALLIBILI PER CONQUISTARLO

E adesso che lo avete conosciuto, cari resistenti, eccovi le tecniche per conquistarlo. Per ingraziarvi il capo e guadagnarvi un posto in paradiso esistono strategie e tecniche ben precise, affinate negli anni, busta paga dopo busta paga.

① *Non sottovalutate la sua intelligenza.*
Non importa se siete veramente malati, la telefonata mattutina o l'e-mail in cui vi dichiarate indisposti per la supermegariunione del lunedì gli puzzerà lontano un miglio. Piuttosto andate lo stesso al lavoro, entrate nel suo ufficio, abbracciatelo forte e contagiatelo. Difficilmente vorrà privarsi di un collaboratore così schietto.

② *Non fategli perdere tempo con domande alla cui risposta potete arrivare facilmente da soli.*
Il vostro capo è una persona pratica e detesta le domande inutili. Se volete conquistare il suo cuore evitate doman-

de come: "Non pensa che gli obiettivi di fatturato che ci ha assegnato siano fuori dalla portata persino di Superman?". Rimboccatevi le maniche e vi amerà.

③ *Condividete le sue passioni.*
Condividetele davvero e fategli capire che per quella passione siete disposti a qualunque cosa.

Ama la boxe? Prendetelo a pugni quando meno se lo aspetta. Adora la pesca? Fategli trovare una triglia viva nella corrispondenza. Va pazzo per il bricolage? Smontategli la scrivania. È innamorato dei suoi figli? Fatene subito uno con lui.

④ *Non accampate scuse per i vostri errori.*
È un vero leader, e come tale non sopporta le scuse che vi fanno apparire deboli e inaffidabili. Non dite mai: "Ho male interpretato le Sue comunicazioni su questo punto" o "Ma io che c'entro?".

Quando sbagliate, passate direttamente alla fase dell'autoflagellazione. E intanto che vi frustate, pensate a quante ore di straordinari non pagati potete proporgli per ripagare il danno che avete fatto.

⑤ *Non siate gelosi dei vostri successi.*
Che abbiate impiegato mesi a risolvere un problema è nulla in confronto a come si illuminerà il suo volto quando si accorgerà che non opponete la minima resistenza al fatto che ora si piglia lui interamente il merito. Vi amerà per questo e non potrà più fare a meno di voi.

⑥ *Non limitatevi al compitino.*
Se vi chiede di venire in ufficio di sabato, dovrete presentarvi con sacco a pelo e fornelletto elettrico per trascorrervi la notte. Se vi chiede di dargli uno strappo in macchina a quel convegno fuori città, la benzina sarà a vostro carico e offrirete voi pranzo e cena, compreso caffè e amaro. Se vi chiede di rileggere la sua relazione di fine progetto, dovrete completarla con quelle centotrentatré pagine di dati e statistiche "che chissà come si è dimenticato di inserire". Non solo dovete pensare con la vostra testa ma anche con la sua.

⑦ *Non cedete all'emotività.*
Il vostro capo ama le sublimi individualità che con braccio possente e cuore d'acciaio sappiano guardare al futuro con Romana grandezza. Se quindi vi rimprovera, per esempio, cose di cui non avete colpa, evitate autentiche cadute di stile come: rispondere con un'e-mail piccata; minacciare le dimissioni; gridare; piangere.

In questi casi la scelta più apprezzabile è sedersi, aspettare una mezz'oretta in modo che si stemperino i bollenti spiriti, riflettere sulla questione esaminandola punto per punto, individuare le strategie che possano risultare più efficaci sul piano comunicativo per difendere il vostro punto di vista. Poi cospargete il tutto di benzina e date fuoco.

CARO CAPO, TI ODIO

Vorreste dirgli tutto quello che pensate di lui. Ma non potete. Allora immaginate di esservi appena licenziati, di entrare nel suo ufficio senza bussare e svuotare il sacco, senza censure. Ora chiudetevi in bagno, guardatevi allo specchio e fate un bel respiro profondo. Uno, due, tre, via!

Caro capo,
grazie per tutto quello che fai per me ogni giorno.

Grazie per avermi dato sempre molta fiducia ma non uno stipendio dignitoso.

Grazie per avermi insegnato a fregare il prossimo, perché la lezione mi è servita e poi ho cominciato a farlo io con te.

Ti ricordi quando mi mandavi in trasferta? Siccome non mi pagavi gli straordinari allora io facevo la cresta sul rimborso spese e poi chiamavo mezzo mondo con il cellulare aziendale.

Ogni volta che per risparmiare sul pony express mi mandavi a casa tua a ritirare qualcosa che ti eri dimenticato, io mi trombavo tua moglie.

Ti sono grato anche per le settimane di Ferragosto in cui mi obbligavi a restare in ufficio senza aria condizionata mentre tu eri in Sardegna in barca a vela e mi chiamavi per controllarmi chiedendomi: "Novità?".

E grazie anche di tutte le volte che mi hai lasciato ad aspettare delle ore davanti al tuo ufficio perché eri al telefono e poi, quando mi permettevi di entrare, ricominciavi a telefonare, facendomi sentire veramente utile!

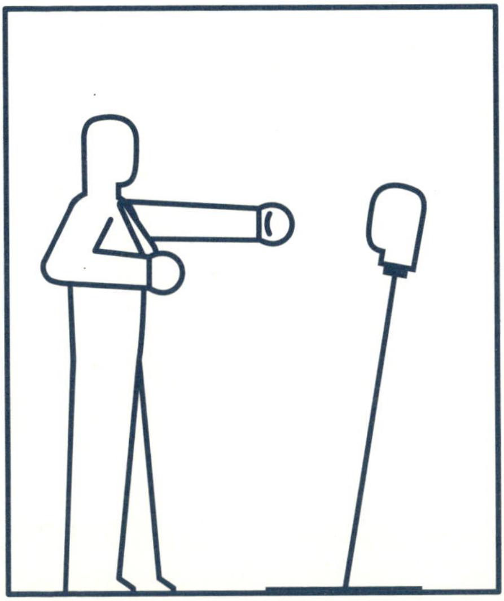

Grazie per tutte le volte che mi hai fatto perdere il treno perché mi chiamavi nel tuo ufficio, mi facevi aspettare come un cretino per poi dirmi: "Ci vediamo domani e lavoriamo su quei documenti".

Mi hai fatto lavorare come uno schiavo per una miseria a fine mese raccontandomi che siccome c'è la crisi non potevi darmi un euro in più e poi andavi in giro con la Porsche.

Grazie anche per non avermi mai concesso un aumento, me ne ricordo ogni volta che sconsiglio le persone che conosco di usufruire dei servizi che la tua azienda offre!

E grazie per tutte le volte che mi hai dato dell'incapace, urlandomi che la mia laurea "non vale un cazzo" (parole tue).

Grazie per tutte le volte che ti dimenticavi di versarmi lo stipendio.

Tutti questi anni di mobbing mi sono serviti molto, stai sicuro che me ne andrò senza preavviso, tanto sono solo un collaboratore, no?

Studia un po' l'inglese, così eviterai di scrivere "tach scrim" invece di touch-screen. Vorrei correggerti anche tutte le volte che traduci *to join* con "giocare", ma ho deciso di lasciarti nella tua beata ignoranza.

Impara a usare il computer, non è possibile perdere pomeriggi interi per un copia incolla o per mandare un'e-mail!

Lavati i denti più spesso e tieni delle mentine a portata di mano... ti puzza l'alito!

COM'È UMANO LEI...!

Se lo sfogo non vi è bastato, ecco una letterina prestampata, un memorandum da fotocopiare e attaccare col bostik sulla sua scrivania. Perché anche il capo, a volte, ha bisogno di consigli.

Non dare ai tuoi dipendenti del lavoro di mattina, ma aspetta almeno fino alle 17.30: le scadenze impellenti sono le sfide che preferiscono.

Se dai un lavoro urgente a un collaboratore, interrompilo ogni dieci minuti per chiedergli come lo sta facendo. Meglio ancora, sbuffa dietro di lui e avvertilo a ogni errore.

Vai pure via sempre senza lasciar detto a nessuno dove sei: questo dà la possibilità agli altri d'essere creativi quando qualcuno glielo chiede.

Se la tua segretaria ha le braccia cariche di fogli, scatole o libri, non aprirle la porta. Tutti sanno che aprire porte con la fronte è un ottimo allenamento in caso di amputazioni o incidenti bellici.

Se c'è più di un lavoro da fare, non specificare mai quali sono le tue priorità: i tuoi collaboratori ti conoscono e sanno leggerti nel pensiero.

Fa' del tuo meglio per trattenere i tuoi collaboratori in ufficio fino a tardi: lo adorano e non hanno davvero altro posto dove andare. Che senso avrebbe una vita fuori di qui?

Se un tuo dipendente ha svolto un lavoro eccellente, mantieni gelosamente il segreto: se lo esterni, potrebbe portare a sconvolgimenti nefasti per l'ufficio, tipo aumenti o promozioni.

Se invece ha lavorato male, dillo a tutti: è bello sentire il proprio nome pronunciato spesso nelle conversazioni.

Se hai istruzioni speciali per un certo incarico, non le annotare per iscritto: tienile per te finché il lavoro non è quasi concluso. Perché confondere le idee con informazioni utili?

Non presentare mai i tuoi collaboratori alle persone con cui sei: non hanno diritto di sapere nulla. Quando ti riferirai a loro in seguito, le loro intuizioni geniali li identificheranno.

Confida ai tuoi collaboratori tutti i tuoi problemi: nessun altro ne ha ed è carino sapere che c'è qualcuno meno fortunato; adorano in particolare la storia delle tasse sul premio che hai appena ricevuto per essere un manager così bravo.

Aspetta sino alla riunione di fine anno prima di comunicare quale avrebbe dovuto essere l'obiettivo finale, altrimenti potresti rovinare il finale a sorpresa!

Concedi loro un aumento pari alla metà della metà dell'aumento del costo della vita in Bangladesh...

... tanto nessuno lavora per i soldi!

TEST: QUANTO È BASTARDO IL VOSTRO CAPO?

1. In ufficio è arrivata una nuova risorsa, un neolaureato volenteroso ma inesperto. Il vostro capo...

A Lo segue personalmente, consigliandolo e cercando di introdurlo gradualmente alla complessità del lavoro che dovrà svolgere.

B Lo butta nella mischia, "così si fa subito le ossa".

C Lo incatena alla fotocopiatrice con una ciotola d'acqua e una di croccantini.

2. Un collega commette un errore grossolano provocando un casino pazzesco. Il vostro capo...

A Lo esorta a prendersi una settimana di vacanza a spese dell'azienda, si sa che lo stress gioca brutti scherzi.

B Mantiene la calma e, dopo averlo convocato nel suo ufficio, gli fa notare i suoi errori.

C Lo costringe a fare cento flessioni mentre gli urla: "Muoviti Palla di lardo!".

3. Questa volta è proprio il capo a essere incappato, per l'"eccessivo stress da superlavoro", in una "piccola leggerezza" che "potrebbe aver causato" qualche "rallentamento". Come si comporta?

A Il nostro Leader non si è mai espresso con questi toni vagamente ipocriti. Le poche volte che gli è capitato di mancare al suo dovere, ha sempre chiesto scusa a tutti dopo aver ammesso i propri errori.

B "Maledetti voi che mi assillate sempre con le vostre stupide domande! Ci credo che poi uno fa le cazzate!"

C È esattamente quello che ci ha lasciato scritto in un'e-mail prima di partire per quella tavola rotonda in Nuova Guinea.

4. Quale di queste frasi descrive meglio il vostro capo?

A "Se comanderai con saggezza, sarai obbedito di buon grado." (Thomas Fuller)

B "Leadership è l'abilità di far fare alle persone ciò che non vogliono fare e di farglielo piacere." (Harry S. Truman)

C "Non avrai altro dio all'infuori di me." (I dieci comandamenti)

5. Nel vostro ufficio si scatena una devastante rivalità tra due colleghi molto competitivi che rischia di avvelenare il clima generale. Il vostro capo...

A Li chiama insieme nel suo ufficio e cerca in tutti i modi di convincerli che la competizione personale è controproducente per il team.

B Alla fine perde le staffe e ne manda via uno.

C L'ultima volta dava il giovane vincente a 1,70. Peccato che le vincite le paga sempre con buoni pasto scaduti.

6. La crisi incombe e impone anche al vostro ufficio "dolorosi riassetti organizzativi". Il vostro capo...

A Prima di prendere una qualunque decisione organizza un incontro con tutti i dipendenti e valuta con noi la situazione.

B Prende le sue decisioni, ma prima di renderle effettive le comunica con il dovuto preavviso.

C Di solito licenzia la gente via messenger.

7. Se il tuo capo fosse un animale...

A Un'aquila reale, lanciata a esplorare orizzonti infiniti.

B Un orso, rispettabile e forte, ma da abbattere quando è incazzato.

C Il mio capo *è* un animale!

8. E se fosse una canzone...

A *Sei un mito* (883)

B *Piccolo uomo non mandarmi via* (Mia Martini)

C *Vaffanculo* (Marco Masini)

9. Come giudichereste la qualità della comunicazione con il vostro capo?

A Per lui mantenere i contatti con i propri collaboratori è una vera religione. Sempre pronto a fornire spiegazioni supplementari e feedback. Più che un capo, un padre.

B Ingrippato com'è in mille impegni, forse non riesce a mantenere un flusso costante nella comunicazione. Ma sulle cose importanti fa sempre sentire la sua voce.

C Non saprei... l'ultima volta che gli ho parlato è per gli auguri di Natale del '99.

10. È Natale, siamo tutti più buoni e forse anche il vostro capo. Come influisce il fascino di questa festa sul suo comportamento?

A In queste occasioni sembra davvero tornare bambino! Si chiude per ore nel suo ufficio, poi chiama tutti a raccolta in sala riunioni e si presenta con un cesto pieno di pensierini personalizzati per ciascuno di noi...

B A essere onesto al nostro capo del Santo Natale gliene frega poco.

C In queste occasioni sembra davvero tornare bambino! Si chiude per ore nel suo ufficio, poi chiama tutti a raccolta in sala riunioni e si presenta con un cesto pieno di pensierini personalizzati per ciascuno di noi... Sul mio c'era scritto: "Sei licenziato".

SE AVETE RISPOSTO PIÙ A...

Alessandro Magno, Cesare, Napoleone, José Mourinho: accanto ai busti di questi grandi leader della storia non sfigurerebbe quello del vostro *líder máximo*. Sprizza carisma da tutti i pori, è clemente e comprensivo, ma sa anche essere duro quando serve. Tutti in ufficio guardate a lui come i marinai alla stella polare. E a volte vi chiedete se quelle quattro mura non siano un luogo troppo angusto per questa grande anima.

SE AVETE RISPOSTO PIÙ B...

È un essere umano anche lui e, come tutti, a volte sbaglia, ma recupera velocemente. Cerca di essere corretto con tutti e di non pretendere l'impossibile. C'è di peggio nella vita, no?

SE AVETE RISPOSTO PIÙ C...

Caino, Nerone, José Mourinho: accanto ai busti di questi grandi bastardi della storia non sfigurerebbe quello del vostro capo. Sprizza doppiezza e irresponsabilità da tutti i pori, è clemente e comprensivo, ma soltanto per inchiappettarvi quando meno ve lo aspettate. E a volte vi chiedete se quelle quattro mura non potrebbero essere quelle di Regina Coeli per questo stramaledettissimo bastardo.

2

Resistere ai colleghi

I colleghi sono come i parenti e i compagni di classe: qualcun altro li sceglie per voi

➘

Siete circondati. Loro sono ovunque, respirano la vostra aria (e spesso senza nemmeno lavarsi i denti), occupano i vostri spazi, bevono i vostri caffè. Sono molti, molti più di voi. Ma voi siete più astuti. Voi siete dei resistenti. Grazie ai consigli contenuti in questo capitolo, li saprete riconoscere e gestire, saprete vendicarvi della loro insopportabile idiozia confezionando scherzi perfidi e creativi. Non fatevi prendere da rimorsi di coscienza: voi siete i guerriglieri della resistenza, in nome del benessere in ufficio tutto è permesso.

INDICE DI DANNOSITÀ DEI COLLEGHI

Alcuni vostri colleghi non sono semplicemente stupidi: sono pure dannosi. Vivere accanto a loro può costarvi un terzo dello stipendio in psicofarmaci. Per capire se la vostra situazione è veramente grave, e correre di conseguenza ai ripari, fate questo iniziale check-up. Individuate quanti dei vostri colleghi rientrano nelle seguenti categorie, e in fondo sommate i loro indici di dannosità. E iniziate ad affilare le vostre armi di resistenti.

IL CREATIVO

Un vulcano di idee... ma non chiedetegli di prendere una decisione!
Frase tipica: "Ma lo sai cosa mi è venuto in mente?".
Dannosità 4

LA MACCHINETTA

La sua mente è interamente occupata dall'esecuzione precisa – alla lettera – degli ordini dei suoi superiori.
Frase tipica: "Io non parlo, lavoro".
Dannosità 2

IL TIMIDONE

Il suo principale obiettivo professionale: non farsi notare.
Frase tipica: "Ecco... io... io mi chiedevo... cioè volevo dire...".
Dannosità 2

IL PIACIONE

Il suo obiettivo non è quello di essere efficace o giusto, bensì di essere apprezzato dagli altri.
Frase tipica: "Sfondi una porta aperta".
Dannosità 4

IL SIGNOR SO-TUTTO-IO

Ha letto, visto e fatto di tutto, e ci tiene maledettamente che tutti lo sappiano...
Frase tipica: "Secondo la mia personalissima esperienza...".
Dannosità 4

IL FANCAZZISTA

Una sola preoccupazione in testa: fare meno fatica possibile, con chiunque e in ogni circostanza.
Frase tipica: "Yahwn".
Dannosità 7

L'IPER-STRESSATO

Sempre teso come una corda di violino, è perennemente sull'orlo di una crisi di nervi.
Frase tipica: "Non si può andare avanti così".
Dannosità 8 (10 se appassionato di armi o esplosivi)

IL BASTIAN CONTRARIO

Potete dirgli quello che volete: lui sarà comunque del parere opposto, per partito preso...
Frase tipica: "Francamente non sono d'accordo".
Dannosità 6

IL LOGORROICO

È in grado di parlare di tutto e di niente (soprattutto di niente) ma sempre molto a lungo!
Frase tipica: "Blabla. Blablablabla. Bla".
Dannosità 6

LO SCARICABARILE

Qualunque disastro succeda in ufficio, lui era sempre lì di passaggio.
Frase tipica: "Che cazzo c'entro io scusa?".
Dannosità 9

IL RACCOMANDATO SMEMORATO

Quello che è lì solo perché qualcuno molto in alto ce lo ha piazzato, ma curiosamente se ne è scordato.
Frase tipica: "Sono uno caparbio, io!".
Dannosità 5

IL FIGLIO DEL CAPO

La prova vivente che certi individui non dovrebbero riprodursi.
Frase tipica: "Babbo mi ha detto che è meglio...".
Dannosità 5

IL VETERANO

Ha visto cose che voi umani non potete immaginare... E ve lo viene pure a dire.
Frase tipica: "Qualche mese e capirai".
Dannosità 4

IL NUOVO ARRIVATO

Un folle decerebrato che si aggira nei corridoi del vostro ufficio come Alice nel paese delle Meraviglie.
Frase tipica: "Posso aiutare?" (a tutti).
Dannosità 3

IL LECCACULO

Virtuoso dell'adulazione, aderisce compulsivamente al fondoschiena del superiore.
Frase tipica: "Ottima idea, capo!".
Dannosità 5

Da 0 a 10 punti

Ehi, ma nel vostro ufficio siete tutte persone (quasi) normali!

Da 10 a 25 punti

Sicuramente non vi annoiate lì dentro, eh?

Oltre 25 punti

Il vostro non è un ufficio: è un vero zoo. Vi segnaliamo subito al WWF.

L'OROSCOPO DELLA STAMPANTE

In ogni ufficio che si rispetti, la stampante di solito si inceppa, si blocca, si rompe, proprio nei momenti cruciali, scatenando crisi di panico anche fra i più calmi e serafici dei vostri colleghi. Per sapere in anticipo come reagiranno di fronte a tale tragico evento, basta conoscere il loro segno zodiacale.

Ariete

"Chiamo immediatamente l'azienda fornitrice, ce la DEVONO sostituire!"

Toro

Guanti alla mano, la sta già aggiustando, con calma, senza dire nulla a nessuno...

Gemelli

"Stampante rotta? Fumo una sigaretta e penso al da farsi."

Cancro

"OMMIODDDIOOOOOO, la stampante è rotta, vi prego datemi dei tranquillanti, vi prego!"

Leone

"Ora lo faccio io, vado a prendere in macchina la cassetta degli attrezzi..."

Vergine

"Lo so fare, ma se poi mi viene male, che cosa penseranno gli altri di me?"

Bilancia

"Ho la camicia bianca, mi spiace non posso farlo, si sporcherebbe!"

Scorpione

"Ma che cazzo, succede un giorno sì e un giorno no! Mi avete proprio fatto saltare i nervi..."

Sagittario

"Non ho bisogno di nessuno, faccio tutto io."

Capricorno

"Quanto mi danno in più per questo lavoro extra?"

Acquario

"Ora la apro e la aggiusto, nel frattempo però voi potete dividervi i compiti in questo modo..."

Pesci

"Stampante? Che cos'è la stampante? Ho un vago ricordo..."

MOBBING CREATIVO: MILLE MODI PER FAR IMPAZZIRE IL VOSTRO VICINO DI SCRIVANIA

Ci sono giorni in cui vorreste proprio spaccargli la faccia. Ma sapete che forse non vi conviene. Ecco allora una serie di elaborati stratagemmi per restituirgli almeno un poco dell'esaurimento nervoso che vi causano ogni giorno. Siate pure spietati. Qualunque nefandezza commettiate, sicuramente se la meritano.

⇨ Spillate l'angolo sbagliato delle fotocopie.

⇨ Mettete del nastro adesivo in modo da coprire il laser del mouse.

⇨ Finite e non cambiate la carta di tutte le fotocopiatrici dell'ufficio.

⇨ Riponete nei posti sbagliati le penne dei colleghi.

⇨ Incollate il loro mouse alla scrivania.

- ⇨ Dite ad alta voce: "Sì, c'è posta per me" ogni volta che ricevete un'e-mail.
- ⇨ Conversate tranquillamente con un collega distante almeno due scrivanie.
- ⇨ Scambiate le sedie.
- ⇨ Tenete altissima la suoneria del cellulare.
- ⇨ Leggete ad alta voce le vostre e-mail.
- ⇨ Scrivetegli e-mail solo in maiuscolo.
- ⇨ Durante la pausa caffè raccontate tutti i giorni la stessa barzelletta.
- ⇨ Quando entra il capo chiedete al vostro vicino di scrivania se ha bisogno d'aiuto per far partire il solitario di Windows.
- ⇨ Mentre un vostro collega vi sta parlando chiedetegli con aria disgustata se vuole una mentina per l'alito.

DECALOGO DELL'ASSENTEISTA

In tutti gli uffici in cui vi troverete a operare, incontrerete sempre almeno un esemplare di una particolare categoria di lavoratori, invidiata e odiata allo stesso tempo, gli assenteisti. Se siete stanchi di vedervi rifilare anche il lavoro del vostro evanescente collega – l'assenteista è noto per sparire sempre al momento giusto –, potete provare a lasciargli sulla scrivania un foglio con i seguenti appunti:

① Non avvisare mai il tuo responsabile della tua assenza per malattia o del tuo rientro al termine della stessa. Il tuo capo è un noto sensitivo e non ha bisogno di comunicare come i comuni mortali.

② Ricordati di avvisare sempre i colleghi almeno quindici giorni prima della malattia. Ammireranno la tua preveggenza e si prepareranno spiritualmente a fare anche il tuo lavoro.

③ Ricordati di ammalarti sempre al rientro da un ponte, oppure di guarire proprio l'ultimo giorno prima della chiusura dell'ufficio. Così, con cinque giorni di malattia, potrai startene comodamente a casa nove giorni. La matematica non è un'opinione.

④ Ricordati di ammalarti in occasione delle ferie della tua fidanzata, la quale poi farà altrettanto in occasione delle tue. Oppure, se non sei in ferie, puoi ammalarti contemporaneamente a lei. In due ci si ammala meglio.

⑤ Se il tuo capo ti nega il permesso per recarti al battesimo del figlio del cugino della tua portinaia, sei autorizzato a chiedere al tuo medico un certificato che ti consenta di partecipare.

⑥ Il certificato medico è la prosecuzione delle ferie con altri mezzi. Se poi lo spedisci da Capri o Taormina susciterai una rispettosa ammirazione nei tuoi colleghi, che faranno a gara per prendersi anche il tuo lavoro.

⑦ Non ti affrettare a spedire il certificato medico. Ricordati che sei malato e che non ti puoi affaticare. Anzi, se non lo spedisci affatto, puoi risparmiare i soldi della raccomandata.

⑧ Le fasce orarie di reperibilità sono state istituite per consentire ai lavoratori di recarsi al cinema, al mare o in visita agli amici.

⑨ Durante la malattia è opportuno intensificare le attività ricreative. È consigliabile inoltre dedicarsi a incontri di boxe per il titolo provinciale o gare di ballo. Se invece hai bisogno di denaro, puoi cercare un lavoro da svolgere nel periodo di malattia.

⑩ Soprattutto ricordati sempre che un certificato medico non si nega a nessuno!

3

Resistere al linguaggio aziendale

Il sottile confine fra gergo professionale e supercazzola

➘

Il nemico comunica con una lingua astrusa e minacciosa: impararla è fondamentale per resistere. Eccovi dunque il nostro corso intensivo, per rendere un po' più fluente il vostro aziendalese. Listen and repeat.

LE PAROLE SONO IMPORTANTI

Nel mondo del lavoro esiste sempre un modo giusto e uno sbagliato per dire la stessa cosa. Perché sostituendo alcune parole, il risultato spesso cambia.

Frase sbagliata: "Non posso perché vado a prendere un caffè alla macchinetta".
Espressione corretta: "Non posso perché ho una colazione di lavoro".

Frase sbagliata: "Non posso perché vado in bagno che ho la caghetta".
Espressione corretta: "Non posso perché devo gestire una priorità organica".

Frase sbagliata: "Nel mio ufficio sono l'ultima ruota del carro".
Espressione corretta: "Sono una delle quattro forze motrici della mia struttura".

Frase sbagliata: "Ho preso dell'asino".
Espressione corretta: "È stata riconosciuta la mia forza trainante".

Frase sbagliata: "Ho perso la giornata a chiacchierare con i colleghi".
Espressione corretta: "Ho investito parte del mio tempo a fare spogliatoio".

Frase sbagliata: "Ho perso la giornata a fare solitari con il PC".
Espressione corretta: "Investo parte del mio tempo a prendere confidenza con la tecnologia informatica".

Frase sbagliata: "Ho fatto una cazzata".
Espressione corretta: "Ho messo l'accento sulle contraddizioni implicite del processo decisionale".

Frase sbagliata: "Nella riorganizzazione me l'hanno messo in quel posto".
Espressione corretta: "Nella riorganizzazione è stata esaltata la mia professionalità a novanta gradi".

Frase sbagliata: "Il mio capo mi ha mandato a fare delle pippe".
Espressione corretta: "Il mio capo mi affida missioni di lavoro dove ho mano libera".

COSA SIGNIFICA QUANDO TI DICONO...

Agile dizionario aziendalese-italiano

I risultati del test sono stati estremamente gratificanti.

➔ *Incredibile, ha funzionato!*

L'intero progetto è stato abbandonato
per un nuovo approccio.

➔ *La sola persona che ci capiva qualcosa è andata in pensione; adesso abbiamo assunto un neolaureato.*

Al momento stiamo testando diversi approcci al problema.

➔ *Per il momento andiamo avanti per tentativi.*

È un progetto in stretta collaborazione con...

➔ *Abbiamo preso un caffè insieme.*

Riteniamo con certezza che il cliente rimarrà soddisfatto del risultato ottenuto.

➔ *Siamo così in arretrato sui tempi di consegna che il cliente accetterà qualsiasi risultato.*

Pregasi aggiungere commenti e firmare.

➔ *Dividiamoci la responsabilità per questo.*

Prevediamo tempi di consegna di circa due mesi se non avvengono imprevisti.

➔ *Sicuramente capiterà qualche cosa e se lavoreremo duro si potrà forse consegnare entro un anno.*

Sviluppato dopo anni di ricerche intensive.

➔ *C'è voluto un sacco per riuscire a copiarlo.*

Il progetto secondo lo schema originale comporta difficoltà impreviste.

➔ *Stiamo lavorando su qualcos'altro di meno complicato.*

Il progetto è allo stadio iniziale.

➔ *Abbiamo ordinato i fogli e le matite.*

Prevediamo che...

➔ *Speriamo in Dio!*

Il rischio è alto, ma accettabile.

➔ *Cento a uno, ma con dieci volte il budget e dieci volte la manodopera, possiamo avere una chance del cinquanta per cento.*

Difficoltà rilevanti ma non insormontabili.

➔ *Ci vorrà un miracolo. Speriamo che Dio sia un program-manager.*

Richiede un'ulteriore analisi e attenzione nella gestione.

➔ *Totalmente fuori controllo. Chi ci aiuta adesso?*

ENGLISH IS IMPORTANT FOR MY JOB

Il Business English è di fondamentale importanza per muoversi con disinvoltura negli scenari internazionali del mondo del lavoro. Di seguito troverete le espressioni più comunemente usate negli uffici di tutto il mondo, da Milano a Tokyo, da Londra a New York.

SIGLA	STA PER	SIGNIFICHEREBBE	INVECE SIGNIFICA
AFAIK	*As far as I know*	Per quanto ne so...	Non so una mazza.
AIUI	*As I understand it*	Da quanto ho capito...	Non ho capito una mazza.
ASAP	*As soon as possible*	Il più presto possibile.	Ieri era già tardi.
BBL	*Be back later*	Torno più tardi.	Anche per oggi è finita, me ne posso andare a casa.

SIGLA	STA PER	SIGNIFICHEREBBE	INVECE SIGNIFICA
BRB	*Be right back*	Torno subito.	Anche per oggi è finita, me ne posso andare a casa.
BTW	*By the way*	Comunque...	*Usato dal capo in risposta a una vostra affermazione* Non me ne frega nulla se hai ragione. Qui comando io. // *Usato da voi in risposta a un'affermazione del capo* Non me ne frega nulla se sei il capo. Ho ragione io.
FAQ	*Frequently asked questions*	Domande frequenti (nei siti indica la sezione delle domande più banali e diffuse, con relative risposte)	Prima di farci perdere tempo con domande idiote prova a leggere qui.
FYI	*For your information*	Per tua informazione (usata spesso nell'inoltro di e-mail)...	C'è qualcuno a cui interessano queste stronzate?
HTH	*Hope that helps*	Spero sia d'aiuto.	Fatti andare bene questo perché non ho nessuna intenzione di perdere tempo.

SIGLA	STA PER	SIGNIFICHE-REBBE	INVECE SIGNIFICA
IMO	*In my opinion*	A mio parere...	Ho ragione io.
IMHO	*In my humble opinion*	A mio modesto parere...	Non solo ho ragione io, ma tu hai torto.
IMNSHO	*In my not so humble opinion*	Secondo la mia non così modesta opinione...	Non solo ho ragione io e tu hai torto, ma sei un idiota ad averlo messo in dubbio.
OT	*Off topic*	Fuori tema.	Combina un'altra minchiata del genere e sei licenziato.
TBD	*To be defined*	Da definirsi in seguito.	Pausa caffè?
TBH	*To be honest*	A esser sinceri...	*Da dipendente a capo* Per favore non mi licenzi anche se la contraddico/ anche se ho fatto una cazzata. // *Da capo a dipendente* Penso che ti licenzierò.

PIZZA, MANDOLINO E... VAFFANCULO

Se fra i vostri progetti c'è quello di andare a lavorare all'estero, ricordatevi che non in tutto il mondo si comunica come da noi. Questa circolare è stata inviata dalla sede centrale di una nota multinazionale ai responsabili della filiale italiana.

MEMO TO ALL THE STAFF

It has been brought to our attention by several officials visiting our establishment in Rome that offensive language is commonly used by our Italian speaking staff. Such behaviour, in addition to violating our policy, is highly unprofessional and offensive to both visitors and staff. All personnel will immediately adhere to the following rules:

Words like "cazzo", "porca puttana" or "mi sono rotto il cazzo" and other such expressions will not be tolerated or used for emphasis or dramatic effect, no matter how heated a discussion may become.

You will not say "ha fatto una cazzata" when someone makes a mistake, or "se lo stanno inculando" if you see someone being reprimanded, or "che stronzata" when a major mistake has been made.

All forms and derivations of the verb "cagare" are utterly inappropriate and unacceptable in our environment.

No project manager, section head or administrator under any circumstances will be referred as "figlio di puttana", "coglione", "testa di cazzo".

Lack of determination will not be referred to as "mancanza di palle" nor will person who lacks initiative be referred to as "bradipo" or "cagone".

Unusual or creative ideas offered by the management are not to be referred as "seghe mentali" or "idee del cazzo".

Do not say "come rompe le palle" nor "ha rotto i coglioni" if a person is persistent; do not add "gli fa ancora male il culo" if a colleague is going through a difficult situation. Furthermore, you must not say "siamo nella merda" nor "ci hanno aperti" when a matter becomes excessively complicated.

When asking someone to leave you alone, you must not say "vattene affanculo" nor should you ever substitute "may I help you?" with "che cazzo vuoi?".

Under no circumstances should you ever call your elderly industrial partners "vecchi stronzi".

Do not say "me ne sbatto" when a relevant project is presented to you, nor should you ever answer "vai a farti fottere" when your assistance is required.

You should never call partners "frocio" or "mignotta"; the sexual behaviour of our staff is not to be discussed in terms such as "culattone" or "bagascia".

Last but not least, after reading this note, please don't say "mi ci pulisco il culo": just keep it clean and dispose of it properly.

Thank you
Regards
....

DISCORSO STANDARD

Multiuso, perfetto in caso di riunioni, comunicazioni ai clienti e ai fornitori, discorsi a convention ecc. Risultato assicurato: nessuno dei vostri interlocutori capirà assolutamente niente. Né soprattutto oserà replicare.

Come sapete le deadline incombono e per questo mi sono trovato costretto a calendarizzare un brainstorming lunedì mattina con tutti voi, cui seguirà il briefing con il team dell'empowerment project. La situazione non è delle migliori, la nostra mission era quella di strategizzare sistemi innovativi ad alto processo impattante sul nostro core business ma i report in real time sul trend in corso non lasciano adito a dubbi. Come tutti ricorderete, nella scorsa convention abbiamo visto che la milestone successiva alla 3.0.43 sarebbe stata una maggiore leva sull'assetto dinamico del mercato, cercando di implementare, riconfigurandolo (ottimizzandolo, ovviamente senza perdere in aggregabilità enterprise) lo sforzo sinergico verticale con quello della customer community. Quanto siamo riusciti a fare tutto questo? Tanto ma non abbastanza, perché a mio avviso è emersa una falla nella problem solving oriented flowchart. Chi l'ha detto che non è possibile schedulare modelli di condivisione end-to-end? Intanto però disintermediamo tutte le interfacce scalabili che è possibile disintermediare e spostiamoci una buona volta verso un assetto a funzioni integrate. Esistono delle best practice e non mi direte certo che sono a somma zero!

Se vogliamo finalmente entrare in una logica win-win, la keyword è sempre questa: agevolare i task, e marginalizzare gli eventuali colli di bottiglia. E ora buon weekend a tutti, e ricordatevi che dopo il nostro brainstorming ci sarà il lunch con i senior operation consultants!

TEST DI DIPENDENZA DALLA COMUNICAZIONE AZIENDALE

Attenzione, la comunicazione aziendale può dare dipendenza. Dovrebbero scriverlo sugli schermi di tutti i computer e sulle tastiere di tutti i telefoni. Se risponderete di sì a più di cinque fra queste domande, vi consigliamo di intraprendere un serio programma di disintossicazione. Non sarà facile, ma in tanti ne sono usciti.

Chiedi via e-mail ai tuoi colleghi nel tavolo di fianco se vogliono venire al bar?

Cerchi di inserire la password per far funzionare il microonde?

Non fai un solitario con carte vere da anni?

Chatti varie volte al giorno con uno che vive in Sudamerica, ma quest'anno non hai mai parlato col tuo vicino di casa?

Il motivo per cui perdi di vista gli amici è che non conosci il loro indirizzo di posta elettronica?

La maggior parte delle barzellette che sai le hai lette via e-mail?

Quando vai a casa dopo una lunga giornata di lavoro, rispondi al telefono dicendo il nome della tua azienda?

Quando telefoni da casa, per sbaglio premi 0 per prendere la linea e telefoni alle Bermuda?

LETTERA PRESTAMPATA PER LA RICHIESTA D'AUMENTO

Quando ci vuole ci vuole, ma non è mai facile farlo: eccovi un modello dalla comprovata efficacia per chiedere l'aumento che vi meritate.

G€nti£i$$imo, pr€giati$$imo Dir€ttor€,

con qu€$ta mia int€ndo €$prim€r£€ £'imm€n$a $tima € ricono$c€nza ch€ $€nto n€i $uoi confronti.

$in da£ primo giorno ch€ ho m€$$o pi€d€ in qu€$to ufficio $ono rima$to $€mp£ic€m€nt€ impr€$$ionato da£ $uo cari$ma, da££a $ua abi£ità di $u$citar€ n€I $uoi co££aboratori pa$$ion€ € $pirito di $acrificio, ma $oprattutto da££a $ua capacità di cog£i€r€ € rapidam€nt€ €$audir€ i £oro bi$ogni € £€ £oro più nacot€ €$ig€nz€.

$ono €norm€m€nt€ fi€ro di av€r€ £'occa$ion€ di £avorar€ con £€i € dunqu€ pro$€guo con immutato €ntu$ia$mo qu€$ta $p£€ndida avv€ntura prof€$$iona£€.

Firmato

....

Attenzione! Anche se non otterrete l'aumento, potreste ricevere in risposta una lettera altrettanto cortese...

Stimatissimo...

NOn è superfluo che anch'io le esprima tutta la mia rico**NO**scenza e la mia stima per il suo impeg**NO**.
So**NO** o**NO**rato di averla tra i collaboratori della **NO**stra azienda e so**NO** sicuro che, in questo difficile frangente di crisi eco**NO**mica, anche lei saprà far valere il **NO**tevole bagaglio di co**NO**scenze accumulato an**NO** dopo an**NO**.

Cordialmente,

....

LETTERA DI DIMISSIONI MULTIFUNZIONE

Dopo anni di incondizionata fedeltà, è giunto il momento di dare le dimissioni. Ecco qualche suggerimento per farlo in maniera indolore. Barrate le opzioni che non vi interessano.

Gentile [nome del vostro capo]

negli anni / nei mesi / nei giorni che ho lavorato qui, sono arrivato a comprendere meglio quali sono i miei bisogni e quelli dell'azienda. Con rammarico, sono giunto alla conclusione che queste necessità non sono più in sintonia.

Senza alcun biasimo o rancore / Per ragioni personali su cui preferirei non diffondermi / Su consiglio del mio psichiatra e avvocato, ho deciso di rassegnare le dimissioni. Non è una decisione motivata dalla fretta, né dall'acredine. Vorrei che Lei sapesse che la mia partenza non ha nulla a che vedere con il fatto che sono supersfruttato e sottopagato / ha dato una promozione a quell'idiota anziché a me / l'azienda è totalmente disorganizzata e disonesta.

È solo che vorrei passare più tempo a fare un lavoro che mi dia la sensazione di poter crescere/ poter lavorare con gente che rispetto mentre faccio qualcosa per cui vale la pena faticare / poter andar via di qui prima che scatti qualche denuncia.

Voglio sinceramente ringraziarLa per avermi dato l'opportunità di lavorare con Lei / per avermi offerto un lavoro che mi ha permesso di scoprire cosa non volevo fare / per niente.

Le auguro tutta la fortuna possibile per l'avvenire, e spero che avremo l'occasione di incontrarci ancora in futuro / in un futuro molto, molto lontano / in tribunale.

Cordialmente,

[vostro nome]

E-MAIL: RISPOSTE AUTOMATICHE

L'autoresponder è quel messaggino che il vostro programma di posta elettronica invia per voi quando siete fuori ufficio. Normalmente si tratta di una frasetta noiosissima tipo: "Grazie per il vostro messaggio. Sarò assente... risponderò appena possibile al mio rientro". Provate a personalizzare il vostro messaggio. Qui di seguito qualche spunto di rara efficacia comunicativa.

Hai ricevuto questa notifica automatica perché sono fuori ufficio. Se fossi stato in ufficio, avresti avuto buone chance di non ricevere niente.

Non sono attualmente in grado di cancellare tutti gli insulsi e sgrammaticati messaggi che mi invierai fino al... Ti prego di pazientare, al rientro cancellerò le tue e-mail nell'ordine in cui sono arrivate.

Grazie per il tuo messaggio. Abbiamo addebitato sulla tua carta di credito 5,99 euro per le prime dieci parole e 1,99 euro per ogni parola supplementare.

Il server di posta non è attualmente in grado di verificare la tua connessione e recapitare il messaggio. Per favore riavvia il computer e prova a inviarlo ancora.

Grazie per il tuo messaggio, il sistema ha provveduto ad accodarlo. Attualmente sei al 422° posto e il tempo stimato di risposta è calcolabile in 713 giorni, 16 ore, 32 minuti e 2 secondi.

Al momento sono fuori ufficio per un colloquio di lavoro. Risponderò nel caso non riesca a ottenere il posto. Stai pronto perché potrei essere di pessimo umore.

TEST: QUANTO CONOSCETE IL GERGO AZIENDALE?

Mettete alla prova la vostra conoscenza del lessico aziendale: quali delle seguenti definizioni conoscevate già?

○ ABBATTIMENTO
Effetto che può produrre un pugno poderoso sulla mascella sferrato da un lavoratore molto depresso.

○ BRAINSTORMING
Formazione di volo assunta solitamente da un gruppo di cervelli in libera fluttuazione.

○ CAPO
Individuo curiosamente chiamato con l'unica parte del corpo che non possiede.

○ COMPUTER
Macchina progettata per velocizzare e automatizzare gli errori.

○ COMUNICAZIONE
Attività di gruppo volta alla rapida aerazione del cavo orale.

○ CURRICULUM
Documento di autopresentazione a fini professionali, generalmente fatto di corsa e con una parte del corpo poco nobile.

○ DIPENDENTE
Individuo che non riesce a uscire dal tunnel del suo ufficio (vedi).

○ ETERNITÀ
Lasso di tempo che separa un venerdì sera dall'altro.

○ IMPIEGO
Attività da svolgersi prevalentemente inclinati a novanta gradi.

○ **LAVORO**

Lasso di tempo che separa una pausa caffè e la successiva.

○ **LAVORO DI SQUADRA**

Occasione irripetibile di addossare la colpa a qualcun altro.

○ **LUNEDÌ**

Un pessimo modo di trascorrere un settimo della propria vita.

○ **POMERIGGIO**

Quella parte del giorno che passiamo a cercar di ricostruire come abbiamo sprecato il mattino.

○ **PROBLEMA**

Configurazione di fatti o persone che precede solitamente la sparizione del capo (vedi).

○ **PROCEDURA**

Sequenza di norme che regolano un processo (vedi) assai difficile da considerare sensata.

○ **PROCESSO**

Sequenza di operazioni, regolata da procedure (vedi), al fine di ottenere un certo scopo, al termine del quale solitamente va a finire tutto in merda.

○ **RESPONSABILITÀ**

Abilità di rispondere con una scusa efficace a una lamentela del capo (vedi).

○ **RIUNIONE**

Gruppo di persone che sta a fissare la proiezione di diapositive finché non cessa tutta l'attività elettrochimica del cervello; a quel punto si prendono le decisioni. (Scott Adams)

○ **RUBARE**

Attività criminosa che appare sempre meno criminosa con il procedere della settimana lavorativa.

○ STAMPANTE
La parte del computer che si blocca quando non stai guardando.

○ STIPENDIO
Oggetto leggendario dotato di bizzarre proprietà retrattili.

○ STRAORDINARI
Pratica di autoflagellazione molto in voga nel XXI secolo.

○ UFFICIO
(onomat.) Luogo in cui si è soliti sbuffare molto.

○ ZELO
Malattia nervosa che colpisce talvolta i giovani e gli inesperti. (Ambrose Bierce)

SE NE CONOSCEVATE PIÙ DI 15

Complimenti! Siete dei veri esperti del linguaggio aziendale! Parlate la lingua del vostro ufficio come se ci foste nati!

SE NE CONOSCEVATE DA 5 A 15

Niente male, riuscite a muovervi con discreta disinvoltura in quella giungla di parole che è il vostro posto di lavoro. Ogni tanto andate a sbattere il muso su qualche neologismo, ma si sa, nella vita non si finisce mai di imparare!

SE NE CONOSCEVATE MENO DI 5

Siete out. Credete che il brainstorming sia "una tecnica creativa di gruppo per facilitare la produzione di nuove idee o soluzioni a un problema", o che lo stipendio sia "il compenso ricevuto da un lavoratore dipendente per le proprie prestazioni professionali"? Ma da dove venite? Se volete resistere in questo mondo di squali sarà meglio che cominciate a parlare come loro. Altrimenti tornate da dove siete venuti.

4

Resistere alle riunioni

"I cittadini hanno diritto di riunirsi pacificamente e senz'armi."
(articolo 17 della Costituzione)

↘

Non fatevi convincere dalla subdola propaganda aziendale: tenervi per ore rinchiusi in una stanza dall'aerazione incerta insieme ad altri storditi compagni di reclusione parlando di argomenti soporiferi e risaputamente inutili non è normale. Ribellatevi! Se diventerete bravi resistenti, saprete riconoscere da pochi segnali il grado di pacchitudine di una riunione. E soprattutto riuscirete a trasformare il più noioso degli incontri in un'occasione per divertirvi, socializzare, stupire.

IL PACCOMETRO

Se le riconoscete, le evitate. O almeno, quando ci andrete, sarete già pronti al peggio. Il paccometro è un sistema infallibile per riconoscere quanto sarà insostenibile una riunione, degno di essere conservato sotto vetro nel Museo Internazionale di Pesi e Misure. Confrontate i sintomi con i livelli di allarme, e non dite che non ve l'avevamo detto...

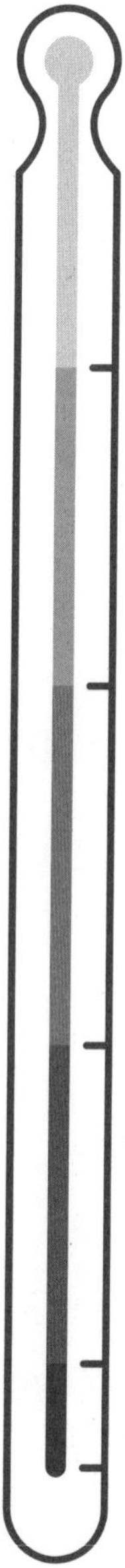

LIVELLO DI ALLARME	SINTOMI
1	– Convocazione con un giorno di anticipo – Leggero ritardo sull'orario d'inizio – Buon coinvolgimento da parte di tutti – Si segue con una certa precisione l'ordine del giorno e si prendono decisioni nell'interesse di tutti
2	– Convocazione con poche ore di anticipo – Videoproiettore rotto – Livello di attenzione generale basso – Difficoltà a seguire l'ordine del giorno – La riunione si rivela una discreta perdita di tempo, come sempre
3	– Convocazione estemporanea – Sala non prenotata – Nessun ordine del giorno – Si parla prevalentemente di temi estranei alla riunione, fra cui le vacanze del capo – Nessun verbale e nessuna decisione presa
4	– Convocazione estemporanea – Nessuna sala riunione – Numero scarso di partecipanti – Sviluppo anarchico del dibattito – La riunione dura svariate ore più del previsto obbligando i partecipanti a restare in ufficio fino a tardi
5	– Assenza del conduttore – Assenza degli altri partecipanti

REGOLA NUMERO 1
RESTARE SVEGLI

Nulla è più soporifero di una riunione inutile e anche oggi state ingurgitando dosi industriali di caffè per evitare che vi cali la palpebra nel bel mezzo del discorso del vostro capo. Se nonostante questo rischiate di cadere accasciati sulla scrivania in fase REM, *seguite passo passo questi semplici esercizi che vi aiuteranno a evitare l'inevitabile.*

Mantenete una postura corretta

Testa alta, spalle indietro, schiena dritta. Gambe piegate a novanta gradi, piante dei piedi ben poggiate a terra. Non stravaccatevi sulla sedia, non portatevi cuscini o poggiatesta, non toglietevi le scarpe: sono tutte cose che stimolano il sonno.

State in guardia dalle ripetizioni ipnotiche

Immagini e rumori ripetitivi generano uno stato simile alla trance che affievolisce i sensi. Se vi accorgete che espressioni come "più sinergia" e "fatturare" vengono ripetute in modo incontrollato, oppure se grafici e filmati motivazionali vengono proiettati senza tregua, uscite dalla stanza per qualche minuto.

Fate un po' di sano movimento

Aiuta a combattere la stanchezza e tiene la mente sveglia. Passeggiate con regolarità lungo il perimetro della sala o fate ginnastica. Correte sul posto, se potete.

Restate concentrati

Posizionate la mano sinistra sul tavolo della sala riunioni tenendo le dita ben aperte e aderenti alla superficie. Con la mano destra prendete la vostra Bic (o se siete proprio disperati anche un taglierino) e provate a centrare lo spazio fra un dito e l'altro. Man mano che diventate più abili, aumentate la velocità dell'esercizio. Importante: se siete mancini invertite l'ordine delle mani!

Servitevi delle tipiche tecniche di interrogatorio

Datevi dei pizzicotti, sedetevi in posizione scomoda, pungetevi la gamba con una penna o una graffetta (fatevi aiutare da un collega se necessario). Guardate fisso con gli occhi ben spalancati verso una fonte di luce molto intensa: il dolore aumenterà la vostra consapevolezza.

Mantenete un buon livello di idratazione

Bevete acqua o bevande energetiche che contengono potassio, sali minerali e carboidrati. Poiché il caffè contiene caffeina, uno stimolante che ha anche effetti diuretici e può quindi causare disidratazione, ricordatevi di prendere almeno un bicchiere d'acqua per ogni caffè. Questa abitudine, del resto, vi indurrà a frequenti viaggi alla toilette e, di conseguenza, vi fornirà altrettante occasioni per muovervi ed essere ulteriormente stimolati. Evitate l'alcol: deprime il sistema nervoso e induce torpore.

REGOLA NUMERO 2
NON PERDERE LA FANTASIA

Lavorate in un ufficio, è vero, ma in fondo avete sempre sognato di fare gli attori. Quale migliore occasione di una riunione a prova di orchite per dimostrare che avete tutte le carte in regola per sfondare a Hollywood? Per qualche minuto la sala riunioni è il vostro set, non siate timidi e stupite tutti con effetti speciali.

Prima di iniziare la riunione, abbracciate e ringraziate calorosamente uno per uno colleghi e capo, per essere venuti. Rammaricatevi che ci si possa vedere tutti insieme solo in circostanze così tristi.

All'inizio dell'incontro suggerite che sarebbe bello, per una volta, iniziare cantando l'inno nazionale. Alzatevi in piedi e date il buon esempio.

Distribuite preservativi gratuiti prima o dopo l'incontro.

Create delle micro-barchette di carta con il foglio dell'ordine del giorno, rovesciate un po' di caffè sul tavolo e inscenate l'ultima regata dell'America's Cup.

Nel bel mezzo del discorso del capo, chiedete la parola, alzatevi con fare indignato in stile senatore romano ed esigete che vi riveli il "vero" motivo per cui ha indetto la riunione.

A intervalli regolari tuffatevi sotto il tavolo e riemergete con uno sguardo terrorizzato.

Se il capo ha appena finito di vomitare insulti irripetibili circa la scarsa produttività del vostro gruppo, sparategli con le dita a pistola, schioccate la lingua e dite: "Ehi, mi piace il tuo stile!".

Quando arriva il momento di esprimere il vostro parere su una qualche questione, tiratevi indietro con la sedia, appoggiate i piedi sul tavolo, sbuffate, guardatevi per un po' le unghie, e dite: "Be', caro, io la vedo così...".

Nel caso in cui uno dei partecipanti debba abbandonare anzitempo la riunione, salutate il fortunato come si conviene, salendo in piedi sul tavolo e declamando: "O Capitano! Mio Capitano!".

Alzatevi all'improvviso e incominciate a ballare furiosamente la macarena. Dopo una decina di secondi, con uno sforzo disumano, obbligate il vostro corpo a sedersi di nuovo. Ripetete due o tre volte la scena. A quel punto chiameranno un'ambulanza e la riunione sarà dichiarata conclusa.

REGOLA NUMERO 3
SOCIALIZZARE

Non sottovalutate mai le riunioni, neppure le più pallose. Sono straordinarie occasioni per sviluppare le vostre abilità, rafforzare lo spirito di competizione e rinsaldare il legame con i vostri compagni di sventura (leggi: colleghi).

IL GIOCO DEI MIMI

Numero partecipanti

Due.

Svolgimento

Ciascun concorrente fa la faccia più buffa/terribile/orribile di cui è capace.
Chi si mette a sghignazzare o viene beccato dal capo ha perso.

Avvertenze

Non è consentito l'uso di protesi artificiali come baffi/nasi finti.

PAROLA SEGRETA

Numero partecipanti

A piacere.

Svolgimento

Prima della riunione ciascun concorrente sceglie una parola o una frase che secondo lui ha buone possibilità di essere ripetuta con frequenza nel corso dell'incontro. Vince chi ha scelto quella più pronunciata.

Avvertenze

Data l'elevata probabilità di venire pronunciate, sono chiaramente fuori concorso frasi come: "In queste riunioni non si decide mai un cazzo" o "Se facessimo meno riunioni e lavorassimo di più non ci troveremmo in queste condizioni".

TOMBOLA

Numero partecipanti

A piacere.

Svolgimento

Preparatevi delle cartelline tipo quelle della tombola, ciascuna contenente una decina di parole/intercalari/espressioni gergali estratte in modo casuale da una lista di cinquanta (sono ammessi tecnicismi o frasi "mitiche", tipiche del vostro lavoro o del vostro ufficio). Distribuite una o più cartelline a ciascun partecipante. Stabilite premi per ambi, terni, cinquine e tombola.

Avvertenze

Portatevi pure fagioli o lenticchie, ma fate attenzione a non farli cadere dal tavolo, perché rimbalzano più volte e sono facilmente udibili. Nel caso facciate tombola, resistete alla tentazione di gridarlo e godetevi in silenzio il trionfo.

IL PRANZO È SERVITO

Numero partecipanti

A piacere.

Svolgimento

Ciascun concorrente porta con sé alla riunione un alimento, che dovrà mangiare interamente e nel più breve tempo possibile senza farsi scoprire.

Avvertenze

Stabilite come nei tuffi un coefficiente di difficoltà per ogni cibo, che moltiplicato per il tempo impiegato a mangiarlo darà il punteggio finale. Alimenti banali come brioche o pizza avranno un coefficiente basso, mentre vette di virtuosismo come i cappelletti in brodo avranno un coefficiente elevato. Chi riuscirà anche a parlare o a svolgere un'intera presentazione con la bocca piena avrà diritto a un bonus nel punteggio.

REGOLA NUMERO 4
CONOSCERE SE STESSI

Tutti i meravigliosi ghiribizzi che iniziate a disegnare sulla carta intestata dell'azienda nel momento stesso in cui inizia una riunione hanno un senso profondo. Dicono qualcosa di voi, del vostro inconscio, della vostra spiritualità. Ora dovete solo far capire tutto questo al capo, che per tre volte vi ha chiesto un parere senza che voi deste segni di vita.

Annerimento degli occhielli	Ansia.
Casa	Voglia di protezione e di sicurezza. // *Con finestre* Desiderio di socializzare.
Cerchio	Integrità, sincerità, lealtà.
Croce	Spirito di sacrificio e di altruismo.
Cuore	Bisogno di tenerezza e di sogni da realizzare.
Figura umana	*Dello stesso sesso* Voglia di migliorare la vostra immagine. // *Del sesso opposto* Desiderio di avere un partner.

Figure geometriche	Bisogno di ordine e di riorganizzare i pensieri.
Figure tridimensionali quali cubi o altri solidi	Tendenza ad affrontare razionalmente le difficoltà senza farsi influenzare da emozioni o sentimenti.
Frecce o oggetti a punta	Voglia di affermare voi stessi.
Linee angolose	Aggressività e tensione.
Linee che partono a raggiera da un punto	Estroversione, bisogno di espandersi, di emergere, di misurarsi di continuo con la realtà.
Linee curve	Capacità di adattamento.
Linee parallele	Fermezza e capacità di concentrazione. // *In diagonale* Desiderio di supremazia.
Linee tratteggiate	Insicurezza, indecisione.
Matassa aggrovigliata	Stanchezza, confusione e voglia di uscire da una situazione difficile.
Scale e gradini	Desiderio di arrivare alla meta.
Spirale	Necessità di staccare la spina e di riflettere.
Stelle, pianeti, luna	Ottimismo e ambizione.
Tracciato ornamentale o decorativo	Amabilità forzata per paura di non essere accettato.
Triangolo, quadrato o figure geometriche in genere	Razionalità, solidità interiore, ma anche poca fantasia.

A MALI ESTREMI, ESTREMI RIMEDI: EXIT STRATEGY

C'è un limite a tutto e a volte l'unica alternativa è la fuga. Se per vostra somma sfortuna non avete attualmente zie moribonde, principi d'incendio in casa, neppure una linea di febbre, ecco tre varianti degne di David Copperfield.

Sparite sotto gli occhi di tutti

Nei giorni precedenti non esitate a mostrare il più vivo interesse per la riunione: dichiarate la vostra gioia nel prendervi parte, che la ritenete un momento indispensabile per la vostra crescita professionale, che non ve la perdereste per nessun motivo al mondo e altre cazzate del genere.

Appena inizia la riunione fatevi notare. Qualsiasi cosa vi venga in mente per richiamare l'attenzione, fatela. Tossite, spostate rumorosamente la sedia, rovesciate il vostro set di penne sulla scrivania e, se vi viene, fate anche una domanda intelligente.

Uscite due o tre volte dalla sala con scuse banali: simulate una pipì impellente, astinenza da caffeina, una telefonata importante.

La terza o la quarta volta che uscite non rientrate più nella sala. Incredibile a dirsi, ma gli altri si ricorderanno soltanto di quando eravate lì con loro. Potrebbero anche rimproverarvi per il vostro solito eccesso di protagonismo!

Gattonate sotto il tavolo

Valutate bene la grandezza del tavolo della riunione e la disposizione di tutti i partecipanti. Calcolate l'ordine presunto in cui dovranno parlare gli oratori.

Attendete il momento in cui nessuno vi sta guardando e lasciatevi scivolare giù dalla sedia.

Iniziate a gattonare verso il centro del tavolo, evitando accuratamente di urtare tibie, piedi e altre propaggini. Nel caso vi beccassero, dite che stavate cercando la vostra penna.

Se avete fatto bene i calcoli (altrimenti siete nei guai!) in quel momento dovrebbe prendere la parola quello che si era seduto dalla parte opposta all'uscita della sala riunioni. Appena l'attenzione di tutti si rivolge verso di lui, accelerate il gattonamento. Tenete presente che la maggior parte delle persone possiede una visione periferica piuttosto limitata e non vede oggetti posti di lato a un angolo maggiore di quarantacinque gradi. Quegli storditi dei vostri colleghi, poi, sicuramente anche di meno.

Raggiungete la porta.

Uscite.

Simulate ustioni di terzo grado

Un gioco da ragazzi: versatevi una tazza di caffè tiepido sui pantaloni e urlate come se vi avessero rovesciato addosso una tanica di olio bollente durante un assedio medievale.

Oltre a conquistare la simpatia dei colleghi, avrete una scusa perfetta per giustificare la vostra uscita dalla riunione. E anche se dovessero domandarvi come mai non siete rientrati, potete sempre dire di essere passato in farmacia per farvi medicare... Qualcuno vuole venire a controllare?

TEST: DI CHE RIUNIONE SIETE?

1. Nel vostro ufficio le riunioni vengono indette...

A Da una settimana all'altra, in modo da permettere ai partecipanti di prepararsi adeguatamente.

B A volte capitano riunioni urgenti, ma di solito almeno qualche giorno di preavviso c'è.

C In genere il capo comincia a urlare cose come: "Allora facciamo 'sto cazzo di briefing che oggi ho impegni in dieci posti diversi e non posso buttare la giornata nel cesso". Quello è il segnale.

2. Nelle riunioni a cui partecipate l'ordine del giorno viene rispettato?

A Sarebbe insensato riunire un gruppo di persone, fissare una scaletta e non seguirla nel minimo dettaglio.

B Be', diciamo che c'è sempre quello che parla più del previsto, la discussione che dura più del dovuto. Ma non rimane mai fuori nulla d'importante.

C Di solito improvvisiamo, tanto i problemi non mancano mai.

3. Mentre un collega sta facendo la sua presentazione, l'atteggiamento dei partecipanti è...

A Attento e collaborativo. Molti prendono appunti. Molti si prenotano per domande e interventi.

B Oddio, uno sbadiglio ci può stare ogni tanto, senza farsi notare.

C Si sperimentano innovative tecniche di isolamento dal mondo esterno. Si coltivano le nobili arti dello scarabocchio e dell'origami. Si potenziano i sensi: la vista, contando le macchioline d'umidità presenti sul soffitto; l'udito, facendo il mercato del fantacalcio con voce a 0,1 decibel; il tatto, scrivendo SMS da sotto il tavolo senza guardare il display...

4. Se le vostre riunioni fossero una trasmissione televisiva sarebbero...

A *Superquark:* utili ma mai noiose.

B *Chi vuol essere milionario:* lo stress è tanto ma ne vale la pena.

C *Porta a porta:* persone di quel livello non dovrebbero picchiarsi in pubblico.

5. Nel bel mezzo della riunione squilla il cellulare di un tuo collega...

A L'interessato si affretta a spegnerlo e si scusa dell'inconveniente.

B L'interessato risponde mentre gli altri approfittano della breve telefonata per un piccolo break.

C L'interessato risponde mentre gli altri ne approfittano per fare una telefonata, andare in bagno, fumare una sigaretta e brindare per il compleanno di un altro collega. Tempo stimato per la ripresa della riunione: trentacinque minuti. Percentuale dei partecipanti dispersi: quarantacinque per cento.

6. Quanto durano mediamente le vostre riunioni?

A Mai più di tre ore, tempo oltre il quale cala inevitabilmente la concentrazione dei partecipanti. Se è proprio necessario continuare, si continua il pomeriggio stesso o il giorno dopo.

B A volte anche un giorno intero, ma poi servono due giorni di ferie per riprendersi.

C Dipende dalla capacità dei partecipanti di resistere senza alcun genere di conforto. Di solito, quando più della metà dei presenti è stramazzata al suolo vittima del calo di zuccheri, la riunione viene sospesa per qualche minuto.

7. Quale tra queste frasi decrive meglio le vostre riunioni?

A "Yes, we can!" (Barack Obama)

B "Non c'è speranza senza paura, né paura senza speranza." (Karol Wojtyla)

C "Obbedisco!" (Giuseppe Garibaldi)

8. La riunione è finita, i partecipanti...

A Si fermano, se necessario, a discutere, fissano gli appuntamenti a venire, danno un'occhiata al verbale.

B Si torna ai soliti casini, un attimo di decompressione e via...

C Ultimo anche stavolta! Ma come cazzo fanno a uscire così in fretta da una porta sola?

SE AVETE RISPOSTO PIÙ A...

Chapeau! Nel vostro ufficio il briefing è una cosa seria. Ogni dettaglio viene accuratamente pianificato, l'ordine del giorno scrupolosamente seguito, e alla fine ne traete beneficio voi e la vostra azienda. Signori, lavorare così è un vero piacere! Ma siate onesti con voi stessi... avete mentito!

SE AVETE RISPOSTO PIÙ B...

Siete impiegati come tanti altri alle prese con normalissime riunioni, il più delle volte pallose ma indubbiamente utili. Accontentatevi, c'è di peggio. Ma attenti, che la riunione-pacco è sempre in agguato. Con il buon senso di tutti la eviterete anche stavolta.

SE AVETE RISPOSTO PIÙ C...

Siete tragicamente vittime di continue riunioni-pacco: accozzaglie di individui che non sanno perché si ammucchiano per ore in uno stanzino a parlare di cose che non conoscono o a prendere atto che il capo ha già deciso tutto da solo. Passate la giornata ad ascoltare come mantra report e analisi di mercato, a fissare come drogati tabelle e grafici a torta. E come tutti gli organismi viventi cercate di adattarvi come meglio potete e soprattutto cercate la fuga non appena se ne presenta l'occasione.

5

Resistere alla noia

Teoria e tecnica del tirare sera

↘

"Lavorare è meno noioso che divertirsi" sosteneva Baudelaire. E si sbagliava. Il poeta francese infatti non era solito passare intere giornate incatenato alla scrivania né conosceva l'emozione di timbrare il cartellino dal lunedì al venerdì per quarant'anni in attesa della pensione. Come voi ben sapete, la noia è il più fedele compagno di scrivania. Ma, cari resistenti, i modi per combatterla sono tanti, e funzionano. Grazie alle attività illustrate in questo capitolo oggi per esempio potrete dormire in ufficio senza che nessuno se ne accorga, praticare il vostro sport preferito fra gli open space (anche a livello agonistico), o sbizzarrirvi in varie attività ricreative di tutto rispetto.

ATTIVITÀ 1
DORMIRE

Dormire in ufficio vi garantisce di non annoiarvi e allo stesso tempo di riposarvi. L'unico inconveniente veramente insormontabile, a meno che non lavoriate nel ramo, è che non disponete di un letto. Ecco allora una serie di utili consigli nel caso vogliate farvi una pennica senza dare troppo nell'occhio.

Alla scrivania, in posizione di assoluta concentrazione

Mettete bene in vista davanti a voi dei documenti importanti. Appoggiate il gomito sulla scrivania, tenendo il braccio perpendicolare alla stessa. La mano invece è aperta, tra la fronte e gli occhi. Questa posizione vi permetterà di tenere la testa alta e centrata sulla scrivania, dando l'impressione che stiate leggendo o addirittura che siate in meditazione. Ricordate però di cambiare ogni cinque minuti le pagine in vista, altrimenti passerete per ritardati.

Alla scrivania, fingendo di allacciarvi le scarpe

Chinatevi in avanti, poggiate delicatamente la testa sulla scrivania e abbassate entrambe le braccia portando le mani su una scarpa (una sola ricordate, non siete Mandrake!). Questa tecnica è consigliabile per pisolini rapidi e ripetuti: in questo caso chi vi vedesse dedurrà che avete appena comprato delle scarpe e le stringhe sono ancora sguscianti. Se invece doveste abbioccarvi per più di cinque minuti, avete ottime probabilità di venire scoperti, oppure (assai peggio) penseranno che all'asilo non avete imparato ad allacciarvi le scarpe. Se portate mocassini, scarpette senza stringhe o sandali, siate certi di avere una buona capacità di persuasione nell'eventualità in cui qualcuno vi scopra.

Sotto la scrivania

Se la vostra postazione di lavoro non dà le spalle alla porta, potete sdraiarvici sotto. Ricordatevi di appoggiare la giacca sullo schienale della sedia per far sembrare che siete al lavoro, ma momentaneamente fuori ufficio. Non russate, a meno che non siate pronti a sostenere in un secondo momento che la ventola del vostro computer si sta guastando.

Dentro l'armadietto

Scegliete un armadietto dell'ufficio abbastanza grande da contenervi e che venga usato raramente. Spostate il contenuto da un lato e coricatevi come meglio preferite al suo interno. Tecnica molto buona, ma scegliete con cura il vostro ricovero. Evitate quelli accanto a toilette o ad altre zone di passaggio, che potrebbero disturbare il vostro sonno. Evitate anche quelli con le chiavi, perché qualche mattacchione maniaco della sicurezza potrebbe aggirarsi nei dintorni.

Dentro la fotocopiatrice

Fingete disappunto con i colleghi per il fatto che la fotocopiatrice si è inceppata di nuovo. Appena si saranno allontanati, aprite il contenitore della carta e infilateci dentro la testa. Dormite. Con questa tecnica la precauzione di effettuare pisolini brevi non è necessaria: si sa che per disinceppare una fotocopiatrice occorrono giorni. Controindicazioni: sembra che la polvere del toner faccia venire il cancro, ma non potete avere tutto.

Al gabinetto

Anche questo è un evergreen, per il quale esistono due varianti, entrambe facili e di grande soddisfazione.

1. Accomodatevi sulla tazza (chiusa!) con la testa appoggiata sullo sciacquone del WC, che presumibilmente sarà alle vostre spalle. Allungate le gambe a piacere e, per un perfetto relax, usate un rotolo di carta igienica a mo' di cuscino.

2. Sempre seduti sul WC sporgetevi in avanti, poggiando la testa sulla porta del bagno. Per evitare lividi o segni strani sulla fronte mettete il solito rotolo di carta igienica tra fronte e porta.

Con un paio di occhi finti

Disegnatevi degli occhi finti sulle palpebre. Stendete un po' di fondotinta bianco per la cornea, poi con un eyeliner del colore dei vostri begli occhi tracciate il contorno dell'iride e con uno nero la pupilla e le ciglia. Se in educazione artistica avevate la media del tre, niente paura. In rete si può trovare a poco prezzo un kit di occhi prestampati autoadesivi.

ATTIVITÀ 2
CAZZEGGIARE SU INTERNET: NON SOLO FACEBOOK

Il cazzeggio in ufficio è una vera e propria arte e per svolgerlo al meglio senza destare sospetti nei superiori bisogna essere dei professionisti. Entriamo quindi nello specifico e vediamo cosa controbattere nel caso in cui vi becchino.

Facebook

"Lei non immagina a quanti miei ex compagni delle elementari interessa il nostro prodotto!"

YouPorn

"Dovremmo sperimentare queste nuove combinazioni tra colleghi alla prossima sessione di team building!"

Skype

"Sto parlando con il nostro fornitore a Shangai!"

Ebay

"Lo sa che c'è un tizio che offre 15.000 euro per la nostra ditta?"

Emule

"Sto scegliendo il jingle per la nostra segreteria telefonica!"

Meteo.it

"Nel caso stanotte dovesse nevicare, dormo direttamente in ufficio per non rischiare di fare tardi domattina."

Lastminute.it

"Sono assolutamente convinto che la Polinesia francese possa costituire un mercato chiave per noi."

Annuncilavoro.it

"Devo pur vedere cosa c'è là fuori per apprezzare quanto sono fortunato a lavorare qui!"

ATTIVITÀ 3
FARE SPORT

Forse non ci avete mai pensato, ma il vostro ufficio è un campo da gioco ideale praticamente per tutti gli sport. Non dimenticate di farvi fare il certificato medico, però.

Basket

Palline di carta e cestino della spazzatura, siete pronti?

Rugby

Una busta sarà la vostra palla ovale. Già, proprio quella preziosa busta che tutti stavano aspettando da qualche settimana... Sarà per questo che vi stanno inseguendo? Attenti ai placcaggi!

Calcio

Evitate almeno di usare come porta quella dell'ufficio del capo.

110 a ostacoli

Altrimenti per che cosa sono stati messi a fare i divisori tra una postazione e l'altra?

Canottaggio

Due o tre sedie con rotelle unite insieme, un lungo corridoio e vi sentirete come gli Abbagnale.

Nuoto sincronizzato

Lavorate di fantasia e immaginate che questa volta i divisori delle vostre postazioni siano l'orlo dell'acqua di una piscina olimpionica...

Tennis

Basta che vi procuriate una pallina di carta e che usiate le mani come racchette: divertimento assicurato.

ATTIVITÀ 4
SFIDARE I COLLEGHI

Ideali per il venerdì pomeriggio, quando ormai non sapete più che cosa inventarvi.

Sfide da 1 punto

Correte per tutto l'ufficio, fermandovi di colpo davanti a ogni scrivania.

Rispondete con il saluto militare alle prime cinque persone che vi dicono buongiorno.

Portate la vostra tastiera da un collega e chiedetegli: "Vuoi fare cambio?".

Rivolgetevi a tutti i colleghi (comprese le ragazze) come se si chiamassero Bob.

Sfide da 3 punti

Lasciate la cerniera dei pantaloni aperta finché qualcuno ve lo fa notare e ditegli: "Mi dispiace, la preferisco così".

Inginocchiatevi di fronte alla macchinetta del caffè e bevete a canna.

Andate alle spalle della segretaria e sussurratele: "Un giorno ti ucciderò".

Sfide da 5 punti

Sulla rete aziendale, sostituite un file condiviso con una scansione del vostro sedere (versione aggiornata di un evergreen).

Irrompete nell'ufficio del vostro capo urlando: "Ok, cicciobello, d'ora in avanti questa baracca la dirigo io!".

Infilatevi una mano di gomma nella manica e, quando la segretaria si avvicina, introducete inavvertitamente la mano nel distruggi-documenti, urlando ferocemente.

INDOVINA CHI NON VIENE A CENA?

La noia può raggiungere vette inusitate durante le tristemente note cene aziendali. Meglio sarebbe non andarci neppure, accampando qualche scusa credibile, ma se vi trovate invischiati, seguite una di queste tre tattiche e ne uscirete sani e salvi. Non sognatevi però che questo vi valga il privilegio di non essere invitati alla cena successiva.

① Fin dal momento in cui arrivate, preparate il terreno per un'uscita anticipata. Raccontate a chiunque vi capiti sotto tiro (e soprattutto al vostro capo) che il vostro cane è a casa da solo e siccome ha tentato già tante volte il suicidio, voi ora dovete proprio andare. Non dite che avete la febbre, perché potrebbe sempre spuntare il collega salutista con il termometro in tasca e sareste sputtanati a vita. A metà serata, salutate tutti con le lacrime agli occhi e sparite.

② Usate la tecnica delle assenze progressive. A un certo punto della cena, andate alla toilette e chiudetevi dentro. La prima volta per cinque minuti. Poi, ritornate al vostro tavolo, aspettate un quarto d'ora, rientrate nella toilette e state lì per dieci minuti. Di nuovo, tornate al tavolo e, dopo un altro quarto d'ora, rinchiudetevi in bagno, questa volta per venti minuti. Se all'uscita nessuno vi chiederà nulla, vorrà dire che siete diventati invisibili. È giunto il momento di eclissarvi.

③ Tecnica bomba. Se funzionava alle medie per rimandare le interrogazioni, perché non dovrebbe funzionare adesso? Telefonate al gestore del locale in cui vi trovate annunciando che avete appena piazzato una bomba. A questo punto i possibili scenari sono due, e in entrambi i casi la serata finisce lì:

a) Dilaga il panico generale e la gente si accalca intorno alle uscite di sicurezza. Voi allora guadagnate l'uscita secondaria e filate a casa.
b) Con eccezionale sangue freddo o eccezionale tasso alcolico il vostro capo si alza in piedi e si offre di andare a disinnescare l'ordigno. Voi intanto prendete la porta e uscite.

R.G.A.I.
REGISTRO GIORNALIERO ATTIVITÀ IMPRODUTTIVE

Che l'ufficio sia un luogo in cui si lavora è una vecchia leggenda alla quale oramai più nessuno crede. Le aziende più illuminate sono consapevoli infatti di come i propri dipendenti trascorrano le loro giornate, e riconoscono piena dignità professionale alle attività cosiddette improduttive, come testimonia la circolare qui di seguito.

xxxxx, il xx/xx/xxxx
xxxxxxxxx S.p.A.
Direzione Risorse Umane

OGGETTO: REVISIONE PROCEDURE R.G.A.

Gentile Dott. XXXXXXX,

per la nostra Azienda il tempo improduttivo non è un problema. Costituisce un problema invece il fatto che, a causa di un errore nella procedura in vigore, sia attualmente impossibile conoscere che cosa esattamente ciascuno di Voi stia facendo durante questo tempo. Come certamente saprà, infatti, il Sistema di Controllo Costi-Benefici recentemente implementato dall'Azienda impone a ciascuna risorsa di stilare un report il più possibile esaustivo delle attività compiute durante le ore di ufficio.

Pertanto, ci pregiamo di fornirLe qui di seguito, a titolo informativo, un ampio stralcio dell'elenco dettagliato di queste attività, che Le verrà recapitato nella sua interezza nei prossimi giorni. Confidiamo sulla Sua disponibilità a informarci immediatamente delle eventuali difficoltà e/o imprecisioni che dovesse riscontrare durante l'utilizzo del presente.

RingraziandoLa della preziosa collaborazione, La salutiamo cordialmente,

La Direzione Risorse Umane

....

TEMPO IMPRODUTTIVO
(sostituisce il precedente cod. 5309)

5000	Navigare su Internet
5001	Leggere/Scrivere e-mail agli amici
5002	Inoltrare e-mail agli amici (vedi codd. 5003, 5004)
5003	Raccogliere scherzi e altro materiale umoristico pervenuto via e-mail
5004	Inoltrare scherzi e altro materiale umoristico pervenuto via e-mail
...	
5200	Fare riunioni
5217	Impedire le comunicazioni durante una riunione
5218	Provare a sembrare preparato durante una riunione
5219	Fingere di stare male durante una riunione
...	
5300	Aspettare
5301	Aspettare la pausa caffè
5302	Aspettare la pausa pranzo
5303	Aspettare la chiusura
5304	Grattarsi
5305	Dormire
5306	Annoiarsi
...	
5350	Insultare
5351	Violenti attacchi verbali diretti a un collega
5352	Violenti attacchi verbali diretti a un collega quando non è presente
...	

5380 Coprire gli errori
5381 Coprire i propri errori
5382 Coprire gli errori di un collega amico
5383 Coprire gli errori del capo
5384 Coprire gli errori dell'amante del capo
...
5400 Mangiare
5401 Ordinare del cibo
5402 Aspettare che il cibo ordinato arrivi
5481 Comprare uno snack
5482 Mangiare
5499 Rilassarsi per facilitare la digestione
...
5600 Lamentarsi
5601 Lamentarsi del lavoro
5602 Lamentarsi dello stipendio
5603 Lamentarsi del fatto che le ore non passano mai
5604 Lamentarsi del collega
5605 Lamentarsi del capo
5606 Lamentarsi di problemi personali
5609 Altre lamentele generiche
...
5672 Cercare un nuovo lavoro
...
5700 Essere malati
5701 Sentirsi a pezzi
5702 Soffrire della Sindrome Influenzale Lavorativa
...

6200 Usare le risorse economiche dell'Azienda per il proprio personale profitto

6201 Sottrarre beni di proprietà dell'Azienda

6202 Scusarsi per aver accidentalmente distrutto beni di proprietà dell'Azienda

6203 Usare il telefono dell'Azienda per effettuare chiamate internazionali

6211 Seguire un'asta su Ebay

6212 Pianificare un periodo di villeggiatura durante le ore di ufficio

...

6220 Fingere

6221 Fingere di lavorare mentre il capo sta guardando

6222 Fingere di amare il proprio lavoro

6223 Fingere di amare i propri colleghi

6224 Fingere di amare il proprio superiore quando in realtà è un idiota

...

6300 Svolgere attività sociali in orario d'ufficio

6325 Fare gossip

6343 Organizzare una festa o altro evento sociale

...

6600 Non fare assolutamente nulla

6611 Guardare fisso nel vuoto

6612 Guardare fisso nel monitor del computer

6615 Fare Meditazione Trascendentale

6649 Sognare a occhi aperti

...

7218 Escursione prolungata alla toilette (almeno 10 min.)

...

7400	Parlare al telefono
7401	Parlare al telefono con l'avvocato divorzista
7402	Parlare al telefono con l'idraulico
7403	Parlare al telefono con il dentista
7404	Parlare al telefono con il medico
7405	Parlare al telefono con il fisioterapista
7406	Parlare al telefono con l'imbianchino
7419	Parlare al telefono con altri lavoratori professionisti
7425	Parlare al telefono con l'amante (vedi cod. 7401)
...	
7900	Esercitare attività illecite
7931	Chiedere a un collega di aiutarvi a compiere attività illecite
7986	Fare uso di droghe
...	
8000	Riempire il Registro Giornaliero Attività
8801	Trovare i codici giusti nel Registro Giornaliero Attività

CIRCOLARE DEL REGOLAMENTO AZIENDALE

Purtroppo però, con ogni probabilità, il genere di circolari distribuite dal vostro Ufficio Personale somiglia decisamente di più a questa...

Abbigliamento

È consigliabile che il lavoratore venga in ufficio vestito in maniera proporzionale al proprio stipendio: indossare scarpe Prada da trecentocinquanta euro o una borsa Gucci da seicento fa intendere che non abbia problemi economici e di conseguenza che non necessiti di un aumento. Nel caso si vesta male, l'azienda sarà indotta a pensare che il lavoratore debba imparare ad amministrare meglio le proprie finanze e che quindi l'aumento non gli debba essere concesso. Se invece l'abbigliamento del dipendente è appropriato all'ambiente lavorativo, vuol dire che sta bene così come sta e che di conseguenza non ha bisogno di un aumento.

Aumenti

Gli aumenti di stipendio vengono correlati all'abbigliamento. Vedi punto precedente.

Bagno

I lavoratori trascorrono troppo tempo in bagno, quindi è stato deciso che dopo i primi tre minuti di permanenza nella toilette suonerà un allarme, la carta igienica si ritrarrà, si aprirà la porta e verrà scattata una fotografia. Dopo la seconda eventuale sosta prolungata in bagno, la foto verrà esposta in bacheca.

Pausa pranzo

Gli impiegati magri godranno di una pausa pranzo di trenta minuti, perché hanno bisogno di mangiare di più per ingrassare. Quelli normali avranno quindici minuti a disposizione per fare un pasto equilibrato e rimanere in forma. Ai grassi verranno concessi cinque minuti, più che sufficienti a mangiare una barretta dietetica.

Giorni liberi

Ogni impiegato riceverà 104 giorni liberi all'anno. Si chiamano sabati e domeniche.

Giorni di malattia

Non si accetterà più il certificato medico come giustificazione di malattia. Infatti se il lavoratore riesce ad andare dal dottore, può tranquillamente venire anche al lavoro.

Assenza per operazioni chirurgiche

Anche se è ammesso concedere tempo al lavoratore per fare l'operazione, l'azienda vuole far notare che, essendo stato assunto come persona integra e in salute, non sembra corretto nei confronti della stessa che il lavoratore stia male.

Morte (non la vostra)

Non è una scusa. Non c'è niente ormai che si possa fare per loro e tantomeno andare al funerale. Comunque, visto che l'azienda è vicina ai suoi impiegati, è stato siglato un accordo con il cimitero locale affinché i funerali si svolgano durante le ore pasti.

Morte (la vostra)

Questa sarà accettata come scusa. All'azienda piacerebbe avere un preavviso di due settimane in quanto è dovere del lavoratore addestrare qualcun altro a fare il suo lavoro.

TEST: QUANTO SIETE INNAMORATI DEL VOSTRO LAVORO?

1. Alla mattina appena arrivati in ufficio la prima cosa di cui avete bisogno è...

- A Fare mente locale sulle cose da fare.
- B Un caffè.
- C Un pizzicotto che vi svegli dall'incubo.

2. Dovete rimanere in ufficio oltre l'orario stabilito...

- A Se serve per un lavoro ben fatto, va bene così.
- B Per uno che lavora troppo c'è uno che lavora troppo poco.
- C E dove sta la novità?

3. Nel vostro ufficio viene a lavorare un collega decisamente fancazzista. Cosa gli dite?

- A "Sono sicuro che quando ti avrò spiegato più a fondo il tuo ruolo, sarai felice di dare il tuo contributo."
- B "Se non ti metti in riga al più presto, vedi cosa ti succede!"
- C "Ne resterà soltanto uno!"

4. Scegliete una frase che meglio vi rappresenta:

- A "Il lavoro allontana tre grandi mali: la noia, il vizio ed il bisogno." (Voltaire)
- B "È impossibile godere appieno dell'ozio se non si ha un sacco di lavoro da fare." (J.K. Jerome)
- C "Lavoratooooooooooriiiiiiiii... prrrrrrrrrrrrrrrrr." (Alberto Sordi, *I Vitelloni*)

5. Per voi la crociata del ministro Brunetta contro i fannulloni è...

A Una giusta battaglia contro un malcostume.

B Una giusta battaglia.

C Un malcostume.

6. Quali sono secondo voi gli ingredienti di un lavoro davvero appassionante?

A La possibilità di sfidare voi stessi, di creare valore, di interagire con gli altri.

B Non importa se non è appassionante, basta che vi permetta di vivere dignitosamente.

C Ehi, com'è che il correttore ortografico non ha sottolineato "lavoro appassionante"?

7. Se il vostro lavoro fosse un film, sarebbe...

A *La vita è bella.*

B *Il mestiere delle armi.*

C *Fuga da Alcatraz.*

8. Il vostro capo sta pensando di concedere un bonus a chi otterrà i migliori risultati quest'anno. Che ne pensate?

A Mi fa piacere, ma avrei dato il massimo anche senza.

B Facciamo tutti già abbastanza, sarebbe meglio che ci aumentasse lo stipendio invece di questi contentini.

C Bastardi! Non mi comprerete con del vile denaro!

9. Se c'è una cosa nei vostri colleghi che proprio vi fa saltare i nervi è...

A L'apatia con cui alcuni si presentano in ufficio fin dal primo mattino, come se fossero impermeabili a qualunque coinvolgimento personale in quello che stanno facendo, come se il lavoro fosse un corpo totalmente estraneo alla loro vita... Scusate mi sono fatto prendere, ma queste cose mi fanno davvero soffrire.

B La superficialità con cui alcuni svolgono il loro compito, senza pensare che esistono anche gli altri e che se il loro lavoro è fatto male ci sarà qualcuno che dovrà rimediare al posto loro... Scusate mi sono fatto prendere, ma queste cose mi fanno davvero incazzare.

C Maaaah veramente nulla, sai, sono tutte ottime persone... Boh, forse quando mi rimproverano di essere apatico o superficiale.

10. Di solito quando tornate a casa dal lavoro siete...

A Stanco, ma felice.

B Molto stanco.

C Molto riposato.

SE AVETE RISPOSTO PIÙ A...

Voi e il vostro lavoro: storia di una passione travolgente! Voi dareste tutto per lui, e lui vi ricambia con sensazioni che non avreste mai pensato di poter provare. Colonna sonora del vostro amore: Barry White, *You're The First, The Last, My Everything*.

SE AVETE RISPOSTO PIÙ B...

Come in tutte le coppie che si rispettino voi e il vostro lavoro attraversate periodi sì e periodi no fatti di litigi, incomprensioni ecc. Lui talvolta vi fa soffrire e voi talvolta lo trattate come una pezza da piedi. Ma sapete bene entrambi che non potreste fare a meno l'uno dell'altro. Colonna sonora del vostro solido rapporto di stima e affetto: Queen, *You Are My Best Friend*.

SE AVETE RISPOSTO PIÙ C...

Siete pressapoco come degli alieni che piombano ogni mattina su un pianeta sconosciuto. Non considerate lontanamente l'eventualità che nel vostro lavoro ci sia alcunché che vi possa accendere una scintilla e in ogni caso avete già predisposto l'allarme antincendio. Il vostro unico obiettivo (se la parola non vi facesse venire i sudori freddi): tirare le cinque e mezzo. Come? Dovete smontare alle sei? Appunto.

6

Resistere al luogo di lavoro

Odissea nell'open space

➘

Più che un ufficio è la vostra seconda casa. È qui che trascorrete le giornate, dodici mesi all'anno, cinque giorni su sette. Questo luogo vi assomiglia, parla di voi. Insomma, come si dice, se proprio non riuscite a uscire dal tunnel, almeno provate ad arredarlo.

DIMMI CHE SCRIVANIA HAI E TI DIRÒ CHI SEI

La scrivania assomiglia al suo padrone proprio come si dice gli assomigli il suo cane. Basta una rapida occhiata per capire con chi si ha a che fare.

Superordinata

Avete suddiviso con una griglia millimetrata l'intera area di lavoro e assegnato secondo i più rigorosi criteri tassonomici e certificati UNI il posto giusto a tutti gli oggetti la cui dimensione supera i 2,5 micron. Un doppio sistema di antifurto con rilevamento di movimento garantisce che nessuno tocchi nulla, e se anche ci fosse un pazzo che si azzarda a tentare l'impresa, verrebbe subito immortalato dal sistema di videosorveglianza mimetizzato nella lampada. I materiali stessi hanno così paura di trovarsi nel posto sbagliato che, se li guardate un po' più da vicino, li vedrete tremare dal terrore e consultarsi sul da farsi.

Geologica

Faldoni, documenti, fotografie, vestiti, cibo, colleghi: tutto sulla vostra scrivania si accumula secondo l'inesorabile procedere del tempo, creando spettacolari formazioni montuose e paesaggi mozzafiato. Voi vi trovate perfettamente a vostro agio a inabissarvi tra i vari strati come un topo nel formaggio. E a chi vi fa notare che forse sarebbe il caso di dare una riordinata, non gli rispondete altro che: "Il mio è un disordine ordinato, io qui trovo tutto".

New age

Al posto del tappetino del mouse avete un giardino zen, quando vi arriva posta si agita dolcemente il carillon di bambù che avete appeso al monitor. Graffette, penne, elastici sono ordinati in modo da formare misteriosi simboli di rinascita, e quella che da lontano appare una comune sedia girevole è in realtà una stazione di meditazione che aiuta a mantenere tutti i chakra sempre aperti e in armonia tra loro. Se proprio volete un consiglio, cambiate la suoneria del vostro telefono, perché quella che avete scelto è talmente ipnotica che nove volte su dieci invece di rispondere cadete in trance.

Green power

Che aveste un debole per le piante si sapeva, ma addirittura suddividere per microclimi la scrivania e iniziare in quella che per i comuni mortali è una banale cassettiera una coltivazione sperimentale di *Aristolochia brasiliensis* potrebbe portarvi a imprevedibili conseguenze. E quelle foglie dietro la scrivania, dove le abbiamo già viste? Ecco, su una maglietta di Bob Marley.

Tecnologica

In confronto alla vostra scrivania, la plancia di comando dell'*Enterprise* sembra la console del Sapientino. Qualunque operazione complessa vi salti in mente di fare, dal giocare a basket con palline di carta e cestino al mettervi le dita nel naso, passa per un sistema integrato multicore a nanotecnologia.

Etnica

La vostra scrivania racchiude come una monade il mondo intero. Bastoncini d'incenso pregiato di Sumatra profumano l'aria, un mouse in porcellana cinese cesellata scorre dolcemente su un mousepad in morbida lana peruviana, e come screensaver avete un'autentica maschera dogon... E perché lasciare una banale suoneria al telefono, quando un canto d'amore berbero può allietare l'intera tribù del vostro ufficio?

Gastronomica

La vostra scrivania potrebbe concorrere per il miglior stand alla Fiera della salamella. Piatti semivuoti, posate, bicchierini di carta, lattine di bibita aperte e mai bevute campeggiano nella vostra area di lavoro e non di rado vi è capitato di prendere appunti su un foglio di carta oleata impugnando un würstel.

LA TUA SCRIVANIA
VS
LA SCRIVANIA DEL TUO CAPO

Nel mondo del lavoro la legge non è uguale per tutti e nemmeno le scrivanie. Confrontate la vostra con quella del vostro capo e fatevene una ragione.

Lui ha disposto i suoi documenti secondo un ordine alfanumerico ispirato alla Cabala e incomprensibile ai non iniziati.
Voi lì sopra avete un casino pazzesco.

La sua è in mogano antico con intarsi in madreperla.
La vostra è un prototipo dell'Ikea per le sorprese di Pasqua.

Lui ha il monitor touch-screen a sedici miliardi di colori e funzione di riconoscimento vocale.
Voi avete un monitor con tubo catodico ricavato da un reattore di un vecchio biplano della Luftwaffe.

Lui sulla sua ha una cornice digitale con le foto della figlia (o è la fidanzata?)
Voi, in quel casino, ora che ritrovate le foto di vostra moglie, fate in tempo a chiedere il divorzio.

La sua non la può toccare nessuno.
Voi, l'ultima volta che avete lasciato per le pulizie il cartello NON TOCCARE GRAZIE, ne avete ritrovato uno con scritto DEVI CHIEDERMELO IN GINOCCHIO.

Lui quando lavora adora appoggiarci i piedi sopra e dondolarsi.
La vostra scrivania, quando lavorate, adora dondolarsi.

Per lui: "Perché l'ho comprata? Più grande è, meglio si lavora!".
Per voi: "Su, su, basta un po' di metodo, a cosa le serve una scrivania più grande?".

Lui si è regalato una Mont Blanc in oro e avorio, con le sue iniziali incise.
Voi avete perso la Bic.

FENG SHUI IN UFFICIO

Con la millenaria disciplina del Feng Shui riuscirete a migliorare in un batter d'occhio la vostra postazione di lavoro, grazie alla riattivazione del Chi, *la vostra energia vitale. Praticamente vi sembrerà di stare in paradiso e in più vi pagheranno per questo. Cosa volete di più? Ecco alcuni suggerimenti.*

Posizionate la scrivania in asse verticale con lo zenit celeste, orizzontale con il meridiano di Shangai e diagonale con la macchinetta del caffè: in questo modo il *Chi* scorrerà a fiotti dal prezioso manufatto e vi aiuterà a mantenervi in forma per tutta la giornata. Ricordate sempre di selezionare la quantità di zucchero perché un *Chi* troppo amaro non funziona bene.

Sistemate la scrivania in modo che possiate sedere con le spalle al muro e con la porta davanti a voi. Qui il *Chi* non c'entra: è per evitare che il capo entrando vi becchi a chattare su Facebook.

Fondamentale anche la forma del vostro piano di lavoro. Secondo il Feng Shui, dev'essere proporzionata e avere un aspetto armonioso ed equilibrato con l'ambiente circostante. Ad esempio, è altamente sconsigliata una scrivania a forma di "L": è simile a un'accetta e dunque "taglia" simbolicamente in due il *Chi* della persona seduta. Qui di seguito altre forme da evitare:

– a forma di 谊 È vero, questo ideogramma cinese significa "amicizia", ma se a chi vi si siede davanti devono poi amputare entrambe le gambe perché si sono incastrate, potreste non suscitare questo sentimento;

– a forma di atollo caraibico: potrebbero pensare che siete pigro e non è così;

– a forma di clessidra: meglio che nascondiate il più possibile la vostra impazienza di tornare a casa.

Aggiungete un po' di enfasi all'ambiente, magari con una bella lampada a piantana. In tal modo si crea un punto focale che non solo cattura l'attenzione di chi entra, ma concentra il *Chi* liberamente fluttuante nell'ambiente. La lampada, poi, meglio se è munita di lampadina alogena a seicento Watt da puntare su chi si avventurasse a farsi i fatti vostri. Un collega con le retine bruciate è un collega estremamente affidabile.

Come ben sanno gli esperti, è essenziale che in un ambiente di lavoro vi sia almeno un po' di verde. Le piante infatti sono potenti catalizzatori del *Chi*. Esistono piante in grado di purificare l'aria da fumo e altri odori, altre che con i loro colori sgargianti possono produrre felici combinazioni cromoterapeutiche, altre ancora in grado persino di assorbire le radiazioni elettromagnetiche emesse da televisori e computer. L'importante è valutare con attenzione qual è il pericolo maggiore da cui vi dovete guardare. Potreste anche fottervene delle radiazioni e optare per una pianta carnivora gigante.

Scegliete un'ottima sedia. Come riconoscerla? Una buona sedia ha lo schienale alto, i braccioli, è interamente costruita in bambù ed è priva di parti metalliche che potrebbero catalizzare flussi spuri di *Chi* dagli effetti psicodestabilizzanti. Un'ottima sedia ha il portabibite e il vano iPod incorporato.

IL KIT DEL LAVORATORE RESISTENTE

In anteprima per voi, gli ultimi ritrovati della ricerca scientifica: oggetti e strumenti all'avanguardia, fino a pochi anni fa impensabili, che contribuiscono oggi ad alleviare le pene quotidiane di ogni povero lavoratore resistente. Esistono davvero: controllate i link per credere.

Cravatta con ventilatore

La crisi incombe. Se nella vostra azienda hanno tagliato senza troppi complimenti anche l'aria condizionata, potreste aver bisogno di questa cravatta che presenta all'interno del nodo una miniventola progettata per mandare aria direttamente all'interno della camicia.
www.thanko.jp/usbnecktie2

Mouse con aria condizionata

Se avete problemi di mani sudate ecco per voi il mouse USB con ventilatore incorporato. Il funzionamento è semplice: risucchia aria calda dalla base e soffia aria fresca sul

palmo della mano dell'accaldato utente. Se proprio volete, funziona anche come un mouse normale.
www.thanko.jp/coolermouse/

Guanti riscaldati con faccina di scimmia

"... ma come si fa a lavorare, se fa un freddo pazzesco?" Purtroppo questa scusa non è più valida da quando sono arrivati i Monkey Hands Warmer, gli esclusivi guantini a forma di faccina di scimmia alimentati via USB. Possono raggiungere una temperatura massima di quarantacinque gradi in appena cinque minuti! Che tristezza, la tecnologia lavora contro di voi.
www.gadget4all.com/prod_detail.php?prod_id=00559

Massaggia-occhi

Immaginate una piccola manina in lattice di gomma con indice e medio alzati a "V" che, collegata alla porta USB, inizia a vibrare dolcemente. Una volta appoggiata sulle palpebre, la manina le massaggia con delicatezza. L'ideale quando siete stanchi per una lunga giornata passata davanti al computer! Disponibile in quattro colori, offre la possibilità di scegliere tra due velocità di massaggio: "Geisha" e "Frullato di bulbi oculari".
http://www.sundayo.com/htm/product.asp?id=450

Calendario antistress

Per contare i giorni che vi separano dalle tante agognate vacanze, ecco qui il Bubble Calendar, calendario gigante (un metro di altezza!) fatto con le bollicine del pluriball,

meglio noto come "plastica-con-le-bollicine-che-adoro-tanto-scoppiare". Ogni giorno dell'anno è nascosto dietro una bollicina da scoppiare. Un bel po' di stress in meno, non trovate?
www.bubblecalendar.com

Specchietto retrovisore da PC

Da oggi potete anche mettere in soffitta il sofisticato sistema a sensori laser a cui avevate pensato per difendere la vostra privacy: basta questo specchietto retrovisore grandangolare da fissare a lato dello schermo del computer, e qualunque presenza ostile si palesi sarà prontamente individuata. Pistola non inclusa nella confezione.
www.spoonsisters.com/Merchant2/merchant.mvc?Screen=PROD&Product_Code=51309

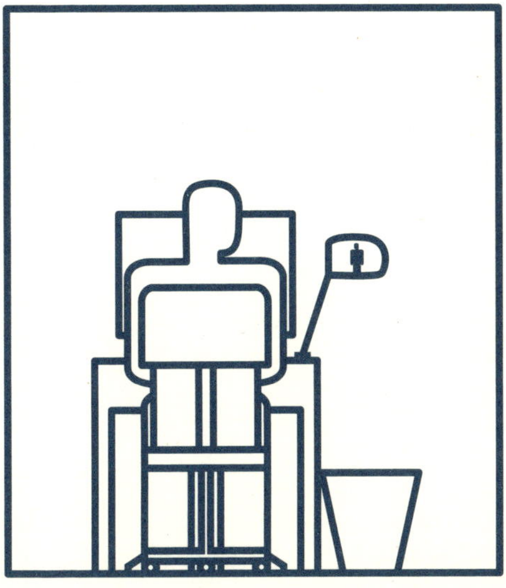

Distributore automatico di incazzature

Creato da una folle artista americana, sembra un normalissimo distributore come quello delle merendine che avete nel vostro ufficio, solo che al posto degli snack contiene finissime porcellane cinesi. Così, quando vi sentirete talmente stressati da aver voglia di spaccare tutto, basterà inserire una monetina e la porcellana selezionata cadrà sul fondo del distributore frantumandosi in mille pezzi!
http://blog.makezine.com/archive/2008/06/vending_machine_provides.html?CMP=OTC-0D6B48984890

Tastiera in pelle per veri boss

Il vostro capo vi tratta come un cretino? I vostri colleghi vi invitano in mensa solo perché gli serve un assaggiatore anti-avvelenamento? Farsi rispettare è una questione di stile. Non potete farvi scappare questa fantastica tastiera interamente rivestita in vera pelle. Finiture di altissimo pregio, e un'unica controindicazione: potreste essere scambiati per feticisti.
http://gadgets.boingboing.net/2008/06/16/black-leather-keyboa.html

CAFFÈ O BIRRETTA?

Quante volte avete desiderato che al posto di quella maledetta macchina del caffè ci fosse una macchinetta che distribuisce birra ghiacciata? È giunto il momento di spiegare al vostro capo che una buona birra al momento giusto può portare grandi vantaggi all'azienda. Ecco perché.

È un incentivo a presentarsi in ufficio ogni giorno con il sorriso sulle labbra.

Porta a una maggiore sincerità nelle delazioni.

Riduce le lamentele su stipendio, straordinari, ferie e altre cazzate su cui si impuntano gli impiegati.

Aumenta esponenzialmente le possibilità che un problema venga risolto in maniera creativa.

Elimina le spese per diffusione di musica negli ambienti dell'ufficio, dato che gli impiegati canteranno spontaneamente le ultime hit del momento.

Con rispetto parlando: fa sembrare migliori i superiori più stronzi.

Fa sembrare migliore il cibo della mensa.

Elimina l'innato bisogno degli impiegati di andare al pub, garantendo la presenza in ufficio anche il venerdì sera.

Al contrario di quelle di caffè, le macchie di birra sulla moquette si possono pulire.

Abbatte le spese per bicchierini di plastica e zucchero, dato che ciascuno degli impiegati si porterà da casa il proprio boccale di vetro.

TEST: COME RICONOSCERE UN POSTO DA INCUBO

Questo test è particolarmente prezioso nel caso vogliate rendervi conto di persona, magari prima di un colloquio, in che razza di ambiente state per capitare. Indossate naso e baffi finti e aggiratevi con fare disinvolto a caccia di indizi.

1. Appena siete entrati, l'omino alla reception...

A Vi ha sorriso e vi ha gentilmente chiesto in che cosa poteva esservi utile.

B Vi ha guardato distrattamente e poi è tornato a leggere la "Gazza".

C Vi ha dato un santino.

2. Oltre al materiale di lavoro, sulle scrivanie degli impiegati potete vedere...

A Foto di famiglia e disegni recanti scritte tipo: "Papà ti voglio bene".

B Immagini motivazionali di gente in canoa e orsi che ghermiscono salmoni recanti scritte tipo: "Ce la puoi fare".

C Merendine mezze mangiate risalenti a quando ancora non esistevano i cellulari.

3. Lo stile dell'arredamento dell'ufficio è ispirato...

A Ai principi del Feng Shui, sposati con le più avanzate soluzioni tecnologiche, bioarchitettoniche ed ecocompatibili.

B A niente in particolare, l'importante è che si trovi tutto a portata di mano.

C Alle segrete di Alcatraz. Ma senza i ventagli della solitudine.

4. Siete capitati in un'afosa giornata di inizio luglio. L'aria che respirate nell'ufficio è...

A Fresca e asciutta al punto giusto, ionizzata e profumata.

B "Meno male che hanno messo il condizionatore!"

C "Non sapevo di questa partnership con la NASA per testare le condizioni di vita sulla superficie di Mercurio."

5. Nei corridoi dell'ufficio incrociate un gruppo di impiegati...

A Chiacchierano tra loro.

B Bisbigliano tra loro.

C Pregano in silenzio.

6. All'uscita da una riunione sul volto dei partecipanti riconoscete chiaramente...

A Un fiero sorriso: hanno contribuito al bene dell'azienda.

B Occhi cisposi: hanno passato il tempo a sonnecchiare.

C Occhi neri: si son menati anche questa volta.

7. C'è una grossa macchia sulla moquette dell'atrio. Chiedete a un impiegato di che cosa si tratti...

A "Ma non è una macchia, gentilissimo, è un esclusivo disegno ispirato all'arte precolombiana!"

B "Cosa vuole che sia, è caffè! Se certa gente stesse più attenta..."

C "È il cane del capo... l'ha fatto ancora... che schifo!"

8. Nei distributori automatici di snack potete trovare...

A La crème de la crème della ricerca macrobiotica mondiale. E il giovedì mattina si mangia etnico!

B Quelli che fanno diventare tutto ciccia e brufoli.

C Nessuno è mai riuscito a saperlo perché la macchinetta si fotte sempre i soldi.

9. Fate una rapida ispezione alle toilette: dai rubinetti esce...

A Acqua limpida e buonissima.

B Sa un po' di cloro, ma è sempre la cara vecchia H_2O.

C Eau de Calcutta.

10. Alzate lo sguardo e sopra di voi vedete...

A Meravigliosi affreschi del Seicento. Non è da tutti lavorare in un palazzo antico in pieno centro città.

B Squallide luci al neon. Certo che potrebbero proprio sostituirle!

C Il cielo stellato. Infatti il soffitto è crollato e soprattutto sono le due di notte e l'ufficio è ancora aperto!

SE AVETE RISPOSTO PIÙ A...

Sia lodato il Signore. Dopo lungo peregrinare siete arrivati nella Terra Promessa dell'impiegato, nell'Eldorado del dipendente, nei Campi Elisi del colletto bianco. Qui lavorare è uno dei novantanove sinonimi di "beatitudine". Che cosa aspettate a togliervi quei baffi finti? Spaparanzatevi sulla poltrona foderata in Swarovski, tra poco arriveranno le settanta vergini come da contratto.

SE AVETE RISPOSTO PIÙ B...

Ma su, non potete lamentarvi! In questo ufficio il livello di entropia è in linea con la media dell'universo, le macchine si rompono a intervalli regolari, le palle girano secondo orbite prestabilite. Non è un posto da passarci il weekend, ma per quattro chiacchiere dopo l'orario di chiusura sì.

SE AVETE RISPOSTO PIÙ C...

In confronto a questo ufficio l'Inferno di Dante sembra la casa di Barbie. Qui ogni giorno si compiono tali e tante efferatezze che Hannibal Lecter, appena lo ha saputo, ha fatto subito richiesta per uno stage. Sei sicuro che quello a cui hai risposto era un annuncio di lavoro e non un necrologio? "Lasciate ogne speranza voi ch'intrate", e chiudete la porta se no si incazzano.

7

Resistere al lunedì

Il peggiore dei venerdì sera sarà sempre meglio dei migliori lunedì mattina

➘

Ecco, ci siamo, è lunedì mattina. Un insostenibile concentrato di sofferenza, tristezza e malinconia vi prende allo stomaco appena svegli quando fuori è ancora buio, la città dorme e in voi si fa rapidamente strada l'orribile verità: siete ancora impiegati nel solito ufficio e inizia una nuova settimana da incubo...

FACCE DA LUNEDÌ

Guardatevi intorno: in metropolitana, in ufficio. Ma soprattutto: guardatevi allo specchio. E preparatevi a resistere all'incubo del lunedì mattina.

INTERVISTA COL VAMPIRO

Identikit

Sguardo totalmente perso nella quinta dimensione. Completa paresi facciale, talvolta con un sorriso tossico-enigmatico. Non vi fate ingannare dalle cuffiette dell'iPod conficcate nelle orecchie: è spento. Resta appeso ai sostegni del treno/metrò come una salamella e se vi capita di urtarlo si farà mollemente da parte. Non avvicinatevi troppo, di solito ha un alito fetente.

Comportamento previsto in ufficio

Si trascina in ufficio con movimenti simili a quelli di un cavallo narcotizzato, biascicando cose tipo: "Tutto bene" o "Ciao mamma". Si spinge quasi immediatamente alla macchinetta del caffè, ma fa fatica a centrare lo zucchero nel bicchierino. Risponde: "Ah sì? Ora vediamo..." a qualunque domanda gli facciate. Nel giro di un paio d'ore riacquista una buona padronanza almeno degli arti superiori e non ricorda assolutamente nulla di quanto gli è successo nelle due ore precedenti.

PSYCHO

Identikit

Sguardo perfettamente lucido, fisso su un punto, viso contratto, labbra serrate, respiro sforzato ma regolare. Se lo urtate si gira di scatto verso di voi e vi soffia in faccia tipo il velociraptor in *Jurassic Park*.

Comportamento previsto in ufficio

Arriva in ufficio sbuffando, abbandona goffamente borsa e vestiti sulla sedia prima di sbattere la porta dietro di sé. Non parla con nessuno e naturalmente nessuno si azzarda a rivolgergli la parola. Resta in silenzio per tutta la mattina, ma se per vostra disgrazia la sua rabbia repressa dovesse esplodere, correte ai ripari perché le reazioni di un soggetto simile sono ancora largamente ignote alla comunità scientifica.

L'ESORCISTA

Identikit

Sguardo irrequieto, movimenti rapidi degli occhi e degli arti superiori; iperventilazione. Se lo urtate, emette una risatina sommessa, simil-isterica e subito dopo torna a sfogliare compulsivamente l'agendina.

Comportamento previsto in ufficio

Per lui il lunedì di lavoro è iniziato dal primo minuto in cui si è svegliato. Dacché si è alzato, il Pentium Core Quad a 2,6 GigaHertz che ha trapiantato in testa ha cominciato a macinare fatti, date, cose, persone, compiti e obiettivi. Appena arrivato in ufficio saluta tutti distrattamente e comincia un devastante giro di telefonate per organizzare riunioni, chiedere pareri, esigere report e cazziare dipendenti. Sfortunatamente per voi, il novanta per cento delle volte questa persona è il capo.

L'ALBA DEI MORTI VIVENTI

Identikit

Volto orribilmente deformato dalla malattia, ascella pezzata, la bocca piegata in una smorfia di dolore, il respiro affannoso. Se lo urtate non si gira e si rannicchia su se stesso con un colpo di tosse o uno starnuto.

Comportamento previsto in ufficio

La sua entrée è una delle più spettacolari del lunedì mattina. Con passo barcollante si trascina fino alla sua postazione, salutando con voce d'oltretomba e tirando su col naso. Sulla sua scrivania campeggiano tre tipi di antipiretici diversi e otto confezioni di Kleenex, e ogni volta che gli rivolgerete la parola prima di rispondere vi guarderà con occhi supplichevoli. Tipo in verità del tutto innocuo, tende a guarire miracolosamente verso le 10.30-11, non appena si accorge che nessuno lo caga di striscio e tantomeno lo incoraggia ad andare a casa.

TUTTA LA VITA DAVANTI

Identikit

Volto rilassato, gioviale, pieno di energia e voglia di fare. Sfoglia un giornale o si guarda incuriosito intorno. Se lo urtate vi sorride amichevolmente, accetta le vostre scuse e volentieri fa due chiacchiere.

Comportamento previsto in ufficio

Saluta tutti allegramente e per una buona mezz'ora lo sentite ridere e chiacchierare di quello che ha fatto nel weekend e sui programmi che ha visto in TV. Poi, incredibilmente, inizia a lavorare con il sorriso sulle labbra. Il consiglio che vi diamo su come comportarvi nei confronti di questo pervertito è perfino ovvio: non fidatevi di un soggetto così. Non può essere vero, cazzo. È solo lunedì!

IL MATTINO HA L'ORO IN BOCCA

Un buon risveglio, soprattutto il lunedì mattina, dipende esclusivamente da come trascorrete i primi trenta secondi che seguono il suono della sveglia. Ecco come la moderna tecnologia viene in vostro soccorso in questo momento fatale.

Adrenalina di prima mattina

Se appena svegli provate un irrefrenabile istinto distruttivo, Smash Clock è il prodotto ideale per voi. Rivestita di una calotta in plastica altamente deformabile questa sveglia per essere ridotta al silenzio deve essere sbattuta per terra con violenza. Il godimento che ne segue è rapido e durevole, almeno finché non proverete lo stesso istinto con uno dei vostri colleghi. Controindicazioni: nessuna, finché non dimenticate che quella alla vostra destra è la testa del vostro partner.
http://www.ohgizmo.com/2009/01/30/alarm-clock-concept-begs-to-be-smashed/

06 59

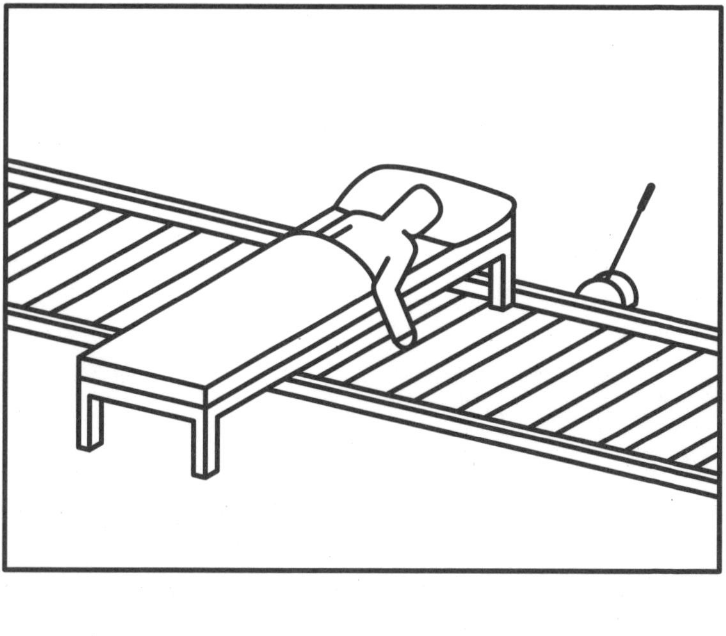

Allontanarsi dalla linea gialla!

Se avete tendenze masochiste, la New Rail Road Crossing Clock è quello che fa per voi. Questa sveglia infatti simula alla perfezione un passaggio a livello. E quando è ora di svegliarvi, si scatena con tanto di lampeggianti rossi, campane e passaggio in velocità di un treno merci a 116 vagoni.
http://bedzine.com/blog/bed-designs/bed-home/bedroom/banpresto-alarm-clock/

Prova a prendermi!

Con Clocky non correrete mai più il rischio di dormire più del dovuto, perchè sarà lei a correre e costringervi ad alzarvi per inseguirla. Infatti, alla terza volta che premerete il tasto snooze la simpatica bastarda, grazie alle due ruote extrasize gommate Bridgestone, balzerà giù dal comodino e si metterà a scorrazzare per casa suonando allegramente. Controindicazioni: se si rintana proprio in quell'angolino dove non siete mai arrivati neppure col mocio dovete aspettare che si scarichino le pile.
http://www.clocky.net

Bed & Breakfast

Se invece siete irrecuperabilmente pigri, Coffee Pot Alarm Clock è quello che ci vuole per voi: insieme al consueto beep emana un gradevole effluvio di caffè... Finto, attenzione, per cui non illudetevi che qualcuno si sia sbattuto per voi a prepararvi la colazione. Ma non c'è niente come la Wake'n'Bacon, la sveglia che vi sveglia diffon-

dendo ovunque un delizioso e nauseante profumino di pancetta abbrustolita (vera: avrete avuto cura di riporla surgelata la sera prima nell'apposito cassettino).
http://gizmodo.com/gadgets/gadgets/aroma-coffee-pot-alarm-clock-228122.php
http://www.mathlete.com/portfolio/wakeNbacon.php

DARSI MALATI

Per non andare a lavorare ci vogliono dei buoni motivi, possibilmente credibili. Puntare sui problemi immaginari di salute è da sempre un must del lavoratore resistente. Ma bisogna fare le cose per bene, perché essere beccati non è perdonabile né ammissibile. Per questo abbiamo deciso di darvi indicazioni precise da rispettare alla lettera.

PREMESSA: COSA FARE IL GIORNO PRIMA DI STARE A CASA PER MALATTIA IMMAGINARIA

Arrivate in ufficio e cominciate a dire che c'è un'aria strana e che non vi sentite bene. In pausa caffè raccontate ai vostri colleghi che il vostro partner o un altro vostro famigliare si è appena preso una brutta influenza, che l'avete accudito tutta la notte amorosamente e che, nonostante questo, per fortuna vi sentite ancora in piena forma.

In pausa pranzo prendete una doppia razione di pranzo. Mangiate la solita quantità e abbandonate l'altra nel piatto. Quando vi chiederanno perché non avete mangiato rispondete che non avevate fame.

Tenete addosso il vostro cappotto anche se fa caldo.

Cercate di apparire malconci e pallidi. Se avete la faccia della salute, ricordatevi che esistono cosmetici che fanno miracoli.

Mettetevi d'accordo con un vostro amico e a metà pomeriggio chiamatelo dicendogli che quella sera dovete dargli buca perché vi sentite stanchi e stranamente deboli.

CHE COSA FARE QUANDO CHIAMATE IN UFFICIO PER AVVISARE CHE QUEL GIORNO NON POTRETE ANDARE PERCHÉ STATE MALE

Dopo aver deciso che tipo di malattia avete, effettuate una ricerca e individuate i sintomi precisi.

Non siate vaghi, altrimenti desterete dei sospetti.

Non fornite troppi dettagli.

Chiamate appena suona la sveglia con la bocca ancora impastata e la testa sotto il cuscino.

Giocate la carta della malattia contagiosa.

SINDROMI PIÙ DIFFUSE PER NON ANDARE IN UFFICIO

Un giorno

– EMICRANIA

Sintomi: mal di testa intenso, nausea, insofferenza alla luce, cambiamenti dell'umore, aumento dell'appetito in particolare per i dolci, sete, difficoltà del linguaggio, debolezza muscolare, vertigini e difficoltà nella coordinazione motoria.

– MAL DI DENTI

Sintomi: dolore acuto che non accenna ad andarsene, mal di testa, possibile febbre.

– INTOSSICAZIONE ALIMENTARE

Sintomi: infiammazione e gonfiore allo stomaco e all'intestino. Dolori addominali, crampi muscolari, vomito, nausea, diarrea e febbre.

Due giorni

– OTITE

Sintomi: mal d'orecchio, febbre, brividi, nausea, vomito e diarrea.

– RAFFREDDORE

Sintomi: difficoltà respiratorie, mal di testa, febbre, incapacità di riconoscere i sapori, senso di ovattamento generale.

Da tre a cinque giorni

– TONSILLITE

Sintomi: mal di gola, soprattutto quando si deglutisce, febbre alta, ghiandole del collo ingrossate.

– LARINGITE

Sintomi: raucedine, tosse secca e stizzosa, difficoltà a deglutire e a respirare.

– CONGIUNTIVITE

Sintomi: arrossamento dell'occhio, bruciore, fastidio alla luce, lacrimazione, secrezione purulenta, palpebre gonfie.

LE REGOLE

Non andate in luoghi dove potreste incontrare i vostri colleghi.

Portate sempre in tasca una ricetta medica e dite prontamente che state andando in farmacia.

Accertatevi di avere memorizzato sul cellulare i numeri di tutti i vostri colleghi in modo da non rispondere se vi cercano.

Mantenete un basso profilo, anche sul Web. Dimenticate Facebook o Twitter, che vi smaschererebbero in un nanosecondo.

CINQUE MODI PER NON ROVINARSI IL LUNEDÌ PENSANDO ALLA DOMENICA

La parola d'ordine è "dimenticare". Dovete fare il possibile per eliminare ogni traccia delle belle ore che furono e il cui ricordo si affaccerebbe sicuramente nel bel mezzo della riunione del lunedì...

① Non prendete il sole durante il weekend, altrimenti ogni volta che vi guarderete allo specchio vi tornerà in mente la vostra bellissima domenica al mare. In ogni caso, se siete stati così imprudenti da prendere il sole, la domenica sera immergetevi fino alla testa in un bagno di acqua e varechina e tornerete al vostro solito colorito bianco-cencio.

② Qualunque cosa abbiate fatto nel weekend evitate accuratamente di parlarne con gli altri. Alla domanda: "E tu cos'hai fatto di bello?" stringete le spalle e rispondete con un vago: "Mah, niente di che". Le rievocazioni collettive non fanno che acuire la nostalgia.

③ Andate a vedere solo film brutti, mostre noiose, concerti inascoltabili. Pur di non ricordare lo spaccamento di palle che avete provato nel weekend, vi farete piacere il lunedì.

④ Fingete di soffrire una schizofrenia acuta. Il vostro doppio sfigato è quello che il lunedì deve tornare al lavoro, ma almeno non sarete costretti a credere che sia la stessa persona che il giorno prima si godeva la domenica con gli amici.

⑤ Andate in ufficio anche di domenica e non avrete niente da dimenticare.

SORRIDETE, È LUNEDÌ!

Finora vi abbiamo insegnato come svegliarvi il lunedì mattina, che cosa non fare, non dire ecc. Ma tutto questo non è sufficiente. "Come faccio a dimenticare che è SOLO lunedì?" vi starete chiedendo. Un modo c'è. Ed è questo decalogo, la cui lettura, siamo sicuri, vi cambierà la vita.

① Terminate quanto più possibile del vostro lavoro il venerdì. In questo modo avrete meno cose a cui pensare il lunedì mattina.

② Iniziate a piccoli passi la mattinata. Lasciate temporaneamente da parte i compiti troppo pesanti. Pianificate le vostre attività in modo che gli obiettivi si possano suddividere in ulteriori sotto-obiettivi, il cui raggiungimento vi porterà a soddisfazioni anche maggiori.

③ Chiacchierate per qualche minuto con un collega amico. È probabile che anche lui soffra di una qualche forma di depressione simile alla vostra, così potrete aiutarvi a vicenda. Magari davanti a un caffè.

④ Ascoltate qualche canzone allegra. Meglio ancora, canticchiatela!

⑤ Sorridete. O almeno pensate di farlo: recenti ricerche dimostrano che il solo pensiero di sorridere innalza il livello delle endorfine presenti nel cervello. Insomma, vi sentirete meglio.

⑥ Provate qualcosa di completamente nuovo. Tentate un nuovo approccio a un vecchio problema, apportate un miglioramento a una certa procedura. L'eccitazione della scoperta vi farà presto dimenticare le uggie del lunedì.

⑦ Non lasciatevi distrarre da attività inutili. Una volta che iniziate a lavorare restate concentrati su quello che state facendo: buttar via tempo ed energie servirà solo ad aumentare il vostro disagio.

⑧ Prendetevi il vostro tempo. Giudicate serenamente quanto tempo vi occorre per fare qualcosa, e fatelo presente a chi eventualmente vi chieda di "fare in fretta". L'ansia di terminare non farà che peggiorare la vostra mattinata.

⑨ Pensate positivo! Cercate di mantenere un atteggiamento amichevole con chiunque entri in relazione con voi. Evitate almeno per qualche ora le persone che potrebbero nuocere al vostro umore. E poi, si sa, il buonumore... è contagioso!

⑩ Allontanatevi un istante dalla vostra postazione, chiudete gli occhi, respirate profondamente e illudetevi che almeno una delle cose descritte nei precedenti punti si possa fare nel vostro ufficio. Cinque minuti. Bastano cinque minuti chiusi al cesso e saranno sempre cinque minuti in meno di questo merdosissimo lunedì.

TEST: SOFFRITE DI SINDROME DEL LUNEDÌ MATTINA?

La Sindrome del Lunedì Mattina (SLM) può essere devastante, soprattutto quando vi piglia già la domenica sera o addirittura, nei casi più gravi, la domenica mattina. Scoprite quanto siete affetti da questa tremenda patologia.

1. La domenica vi capita mai di pensare che il giorno dopo dovrete tornare "laggiù"?

A No, mai. Mi godo il giorno di meritato riposo e poi anche se lo pensassi a me il mio lavoro piace.

B Ogni tanto mi salta in mente un pensiero legato al lavoro, ma cerco subito di pensare a qualcos'altro.

C Di solito la domenica mattina mi sveglio e vado in ufficio, così evito il trauma del lunedì.

2. Nella notte tra la domenica e il lunedì riuscite a dormire rilassati?

A Io dormo *sempre* rilassato, non mi sveglio nemmeno con le cannonate.

B Ho il sonno leggero e faccio strani sogni...

C Io non dormo. Aspetto.

3. È lunedì mattina, suona la sveglia e il vostro primo pensiero è...

A Grazie Signore per questa nuova meravigliosa giornata che mi hai regalato.

B Forza e coraggio, anche oggi inizia una nuova battaglia!

C Speravo di morire nel sonno e invece sono ancora qua.

4. Di solito quanto tempo passa tra il momento in cui suona la sveglia e quello in cui vi alzate?

A La vita è breve e il tempo vola, quindi mi alzo subito!

B Spengo la sveglia cento volte di seguito e arrivo sempre in ritardo in ufficio.

C Di lunedì mi sveglio sempre grazie a un attacco di panico.

5. Sul treno/metrò che vi sta portando in ufficio leggete...

A Gli appunti che avevo preso in riunione il venerdì sera, per entrare subito nel vivo del lavoro.

B Un quotidiano, così mi tengo aggiornato.

C *Se questo è un uomo.*

6. Se il vostro lunedì fosse un film sarebbe...

A *La dolce vita.*

B *Un giorno di ordinaria follia.*

C *Prendi i soldi e scappa.*

7. Il lunedì mattina appena timbrate il cartellino siete pervasi da...

A Una gran voglia di fare!

B Una gran voglia di tornare a casa.

C Una gran voglia di farsi.

8. Qual è la cosa che assolutamente odiate vedere il lunedì mattina?

- A Facce già stanche o imbronciate.
- B Nulla in particolare, ma me ne voglio stare un po' per conto mio.
- C Facce già allegre o spensierate: ma che cazzo avete da ridere?

9. Un vostro collega ha preso l'abitudine di stare a casa ammalato tutti i lunedì. Che cosa pensate?

- A Se non ha voglia di lavorare è meglio che cambi aria.
- B Non lo giustifico, ma lo comprendo.
- C Un attimo, scusa. Sono al telefono con Brunetta.

10. Un gruppo di scienziati dell'Università di Sidney ha effettuato uno screening su centinaia di lavoratori e ha stabilito che la SLM non è altro che "una semplice suggestione retroattiva". Qual è la vostra opinione?

- A Il lunedì è un giorno come gli altri.
- B Seeee... e queste macchie rosse che mi sono spuntate stamattina???
- C Ma cosa vuoi che capiscano all'Università di Sidney...

SE AVETE RISPOSTO PIÙ A...

Il lunedì mattina a voi fa un baffo, potreste andare a lavorare anche a Pasquetta con un sorriso a trentadue denti stampato in faccia. Non soffrite di sbalzi d'umore, non avete reazioni psicosomatiche, non siete storditi, nulla di nulla. Avete in testa un interruttore che si spegne il venerdì alle 18 e si riaccende il lunedì alle 9. Nel frattempo ve la spassate alla grande.

SE AVETE RISPOSTO PIÙ B...

Come tutti gli esseri umani normodotati è dalla seconda/terza elementare che il rapporto tra voi e il lunedì si è irrimediabilmente incrinato. Lo odiate cordialmente e lui non fa quasi nulla per essere carino nei vostri confronti. Pazienza, c'è di peggio nella vita. In fondo condividere un po' di spleen settimanale (e un caffè) con gli altri disgraziati del vostro ufficio non è poi malaccio.

SE AVETE RISPOSTO PIÙ C...

Voi non siete malati, siete proprio spacciati. Quello che si proietta davanti ai vostri occhi ogni lunedì mattina è un trailer della fine del mondo. Di solito lo spettacolo inizia già dalle prime ore della domenica: i colori si fanno più scuri, le voci più spaventose e il pensiero di tornare in ufficio si impossessa lentamente di voi fino a paralizzarvi. Un consiglio spassionato: licenziatevi al più presto.

MARTEDÌ	MERCOLEDÌ	GIOVEDÌ	VENERDÌ	VENERDÌ	VENERDÌ	GIORNO DI DISCUSSIONE
8	7	6	5	4	3	2
15	14	13	12	11	10	9
22	21	20	19	18	17	16
29	28	27	26	25	24	23
36	35	34	33	32	31	30

IL CALENDARIO DEL LAVORATORE RESISTENTE

Questo straordinario calendario è stato pensato dal nostro team di esperti appositamente per gestire le continue scadenze e contenere lo stress di voi lavoratori, rendendovi più produttivi e garantendovi un cospicuo aumento a fine mese. Come avrete notato sono state apportate alcune importanti modifiche al calendario tradizionale in modo da massimizzare i risultati raggiungendo gli obiettivi prefissati.

Poiché un lavoro urgente è spesso richiesto per ieri, grazie a questo calendario un lavoro potrà essere richiesto, per esempio, il 7 e consegnato il 3.

Poiché la maggior parte dei lavori viene richiesta per venerdì, ci sono ben tre venerdì alla settimana.

Sono stati creati cinque giorni supplementari per evitare il panico a fine mese.

Non esiste più il 1° del mese per evitare di effettuare consegne in ritardo.

La difficile ripresa del lunedì mattina non esiste più in quanto i lunedì sono soppressi, così come i sabati e le domeniche, che sono improduttivi.

Un nuovo giorno chiamato "Giorno di discussione" permetterà di liberare gli altri giorni dalle continue interruzioni del lavoro.

E ora smettetela di leggere e andate a lavorare!

CREDITI

Di tutti i materiali pubblicati in questo libro siamo debitori alla Rete. In particolare, ecco i siti da cui abbiamo tratto, con una certa libertà, alcuni capitoletti:

Com'è umano lei...! (Cap. 1)	www.ossidiana.org
Pizza, mandolino e... vaffanculo (Cap. 3)	www.ridiamocisu.com
Conoscere se stessi (Cap. 4)	notizie.virgilio.it
Sfidare i colleghi (Cap. 5)	www.freeplayclub.org
Caffè o birretta? (Cap. 6)	www.bastardidentro.it

Lettera di dimissioni multifunzione (Cap. 3), *Restare svegli* (Cap. 4) e *A mali estremi, estremi rimedi: exit strategy* (Cap. 4) sono citazioni da: J. Piven, D. Borghenicht, *Come sopravvivere alla cena aziendale e altre catastrofi da ufficio*, Resistenza umana, Milano 2008.

Se nemmeno questo libro è servito a rendervi lavoratori resistenti e sorridenti, ritagliate la bocca qui affianco, inserite due elastici nei fori e fissatela dietro le orecchie.

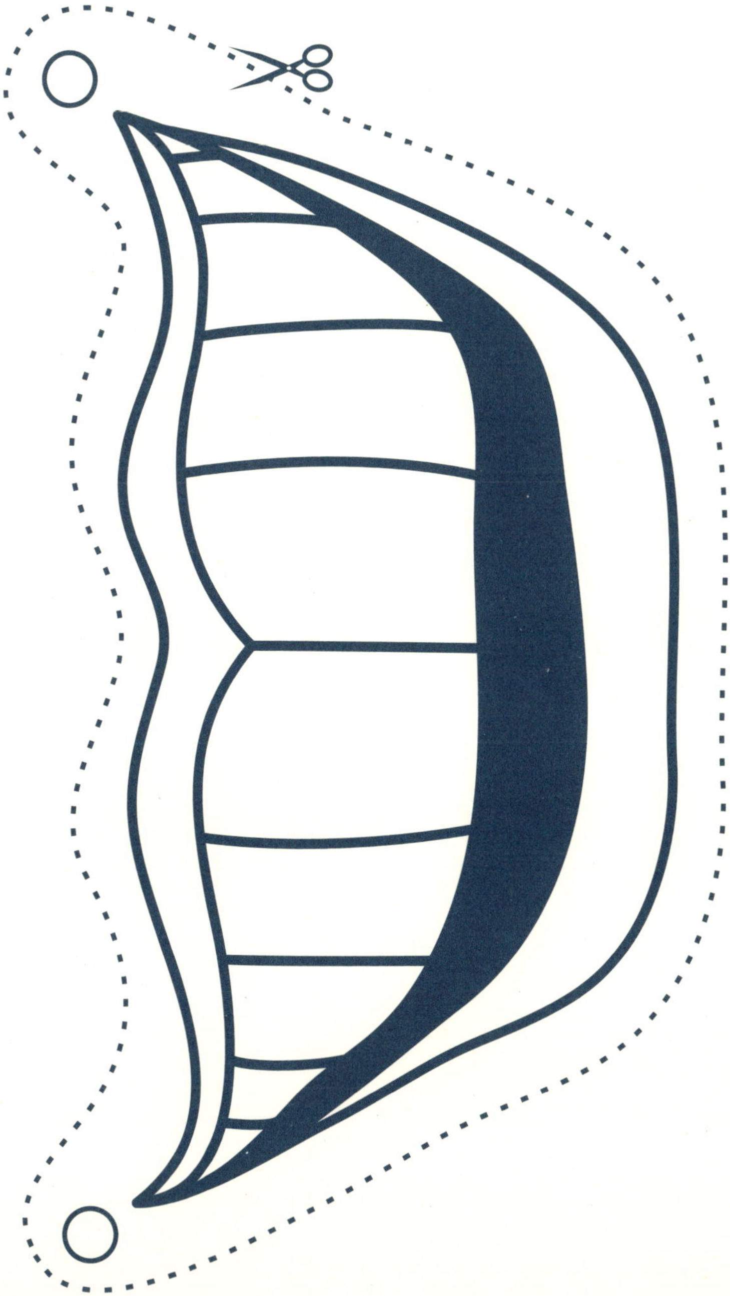

Arnoldo Mondadori Editore S.p.A.

Questo volume è stato stampato
presso Mondadori Printing S.p.A.
Stabilimento Nuova Stampa Mondadori - Cles (TN)

Stampato in Italia - Printed in Italy